守望与前行
——滨医特教风雨历程

车先礼　主编

山东大学出版社
SHANDONG UNIVERSITY PRESS
·济南·

图书在版编目（CIP）数据

守望与前行：滨医特教风雨历程／车先礼主编．--济南：山东大学出版社，2021.10
ISBN 978-7-5607-7172-4

Ⅰ.①守… Ⅱ.①车… Ⅲ.①残疾人-高等学校-师资培养-研究-中国 Ⅳ.①G769.2

中国版本图书馆 CIP 数据核字（2021）第 215115 号

责任编辑 唐 棣
文案编辑 蔡梦阳
封面设计 王秋忆

出版发行 山东大学出版社
社 址 山东省济南市山大南路 20 号
邮政编码 250100
发行热线 （0531）88363008
经 销 新华书店
印 刷 山东蓝海文化科技有限责任公司
规 格 720 毫米×1000 毫米 1/16
15.25 印张 248 千字
版 次 2021 年 11 月第 1 版
印 次 2021 年 11 月第 1 次印刷
定 价 68.00 元

《守望与前行——滨医特教风雨历程》

编　委　会

主　编：车先礼

副主编：曹同涛　朱光燕

编　委：（按姓氏笔画排序）

于晓辉　马小卫　牛瑞花　王友磊

王艳霞　王朝荣　李　敏　张怀斌

周　博　赵智伟　潘　静

前言

习近平总书记强调："不断满足人民群众对美好生活的需要，必须保护好残疾人权益，残疾人事业一定要继续推动。"残疾人高等教育是推动"健康中国"战略、实现中国梦的重要力量。党的十八大以来，我国残疾人教育明确提出向融合教育转型，追求"公平而有质量的教育"，落实立德树人根本任务，提高残疾人高等教育人才培养质量，是残疾人高等教育院校办学主体内涵发展的应有之义。

1985年，我校创办了全国第一所专门招收肢体障碍大学生的临床医学系，开创了我国残疾人高等教育的先河。2012年，在中医学（针灸推拿方向）首招视障生，2018年在口腔医学技术专业首招听障生，填补了全国医学院校开展本科层次视障生、听障生教育的空白。多年来，我校遵循国家政策要求，以融合教育观与协同育人观为指导，从人才培养的顶层设计、教学体系创新、教学支持体系构建、管理机制改革等方面进行了实践探索。2017年，学校第四次党代会确立了"一优两特"的办学格局，巩固了残疾人高等教育的办学特色，在全校范围内形成残障大学生人才培养共识，形成了服务国家战略、彰显医学院校优势、满足残障大学生需求的人才培养体系。我校残疾人高等教育，经历了单一临床专业招生、多专业协同发展、多残疾类型共同培养等多个阶段的实践探索，始终遵循残障大学生成长规律，坚持"全面发展与个性发展"育人理念，以"全方位、个性化、协同性"为特点，全方位打造专业育人、实践育人、管理育人、服务育人、文化育人的人才培养体系，促进学生融入课堂、融入校园，融入社会，实现残障大学生的全面发展与个性化发展。同时，学校围绕残疾人教育，引导广大教师加强残疾人教育研究与改革，学校残疾人教学、管理、服务水平不断提高。

滨州医学院长期致力于残疾人高等教育事业，取得了一系列丰硕成果，为社会培养了一大批优秀的残疾人医学工作者，带来了良好的社会声誉，先后被中宣部等八部委授予“全国扶残助残先进集体”称号，被教育部表彰为“特殊教育先进单位”等。滨州医学院残疾人高等教育创办三十周年之际，中国残疾人联合会主席张海迪发来贺信，称赞“你们的成绩让人们更进一步认识了残疾人的生命价值和意义”。

为了把滨州医学院特殊教育三十余年的发展历程记录下来，我们组织编写了《守望与前行——滨医特教风雨历程》一书，全书分为“筑梦起航”“‘三全’育人”“青春榜样”“社会声誉”等四部分，分别收录了各级领导、教师、残障大学生的文章，以及多年来主流媒体对滨医特教的报道。我们希望通过这本书能把滨医心怀大爱的办学理念更好地传扬出去，为我国的残疾人教育事业贡献一份力量，也希望通过此书，可以让更多的人关注残障大学生对教育和康复的双重需求，重视残障大学生的社会融入与健康成长。

在本书的编写中，我们力求做到结构合理，内容完整，但由于时间仓促，书中难免存在不足与纰漏之处，我们恳请各位读者批评指正，多多给予指导。

编　者

2021 年 9 月

目录

筑梦起航

“三全”育人

青春榜样

社会声誉

筑梦起航

ZHUMENGQIHANG

不忘初心

——残疾人高等教育的创立与发展

滨州医学院党委书记　车先礼

滨州医学院残疾人高等教育肇端于1985年，深深植根于国家残疾人事业发展和高等教育发展的历史进程中，经历了从无到有、从小到大、从大到强的过程。20多年来，学校始终坚持“传统不丢，己任不变，聚焦内涵，创新发展”的初心，探索建立了适合我国国情、服务国家战略、彰显医学院校优势、满足残障大学生需求的残疾人高等教育体系。

一、滨州医学院创办残疾人高等教育的历史背景

中华人民共和国成立以来，在党和政府及社会各界的关怀和支持下，残疾人事业有了长足发展。残疾人的社会地位不断提高，接受教育机会、医疗卫生条件、劳动就业、精神文化生活等各方面状况日益改善，参与社会生活的意识逐步增强。但是，由于历史原因，在相当长的一段时间里，我国残疾人事业发展仍然滞后于经济社会发展的整体水平，特别是残疾人受教育的程度较低，文盲、半文盲占比较大，这使残疾人的生活状况远远落后于社会平均水平。

改革开放之后，党和国家各项事业蒸蒸日上，世间万物都迸发出勃勃生机。1977年，教育领域率先迎来了改革的春天，中断了10年的全国高考制度得以恢复，全国上下为之欢欣鼓舞。然而，在全国青年普遍获得接受高等教育机会的同时，一个不容忽视的现实却影响着社会的文明进步和改革开放的国家形象。当时，中国残疾人总数达到5 000多万人，但是由于历史的局限、观念的滞后，尤其是受体检标准和录取条件的限制，残障学生接受的教育还只局限于初等教育和中等教

育。当时还没有一所招收残障学生的普通本科高校，更没有专门为残疾人设置的大学专业和院系。1978 年教育部、卫生部《关于试行<高等学校招生健康检查标准及执行细则>的通知》〔（78）教学字 496 号、（78）卫医 616 号〕明确规定：机体严重发育不良或肢体有显著残废、畸形，或有任何一肢体不能运用者，一般不能录取；确诊为青光眼、视网膜色素变性者不能录取，晶状体、玻璃体混浊、脉络膜、视网膜、视神经疾病，影响视力者，不能录取；全聋者（听力丧失）不能录取；等等。由此，许多品学兼优的残疾考生被拒之大学门外，残疾青年上大学在当时还只是梦想。

很多残疾考生回忆，当时他们的高考成绩都超过了本科录取分数线，但就是因为身体原因得不到录取机会，学校和家人多次到教育部门反映、争取，但受体检标准的限制，最终还是不能被录取。例如，北京大学人民医院博士研究生导师、中国睡眠研究会理事长、亚洲睡眠医学会副主席韩芳教授，当时就是山西省的一名优秀学子，三次参加高考均大大超过本科录取分数线，却因一条腿患小儿麻痹后遗症而三次名落孙山，沉重的打击让他不知哭过多少次，几乎使他丧失生活的勇气。安徽考生张雷，高考分数超出本省重点大学录取分数线 69 分，终因左眼残疾而被大学拒之门外，走投无路的他投书《半月谈》，疾呼："社会还我一个公道!"

历史的局限，需要有勇敢者突破；现实的困境，需要有远见者担当。正是在这样的背景下，滨州医学院以巨大勇气和远见卓识迈出了中国残疾人高等教育的第一步，以博大的胸怀接纳了广大残疾考生。1985 年，对于中国千百万残疾青年和中国残疾人高等教育来说，具有特殊的意义。这一年，我国第一个专门招收残疾青年的大学本科系——滨州医学院医学二系诞生了，成为我国残疾人教育发展史上的标志性事件。从此，多少残疾青年上大学的梦想变为现实，多少家庭日夜的期盼化为惊喜的热泪!

残疾人高等教育是残疾人教育体系中不可缺少的组成部分，也是高等教育体系中不可缺少的组成部分，它的发展水平在一定程度上标志着一个国家残疾人事业的发展水平，也标志着一个国家的文明进步水平和人道主义形象。自 1977 年恢复高考 40 年来，残疾考生从当初的体检不合格被拒之门外，到享有平等的录取权利；从成绩远远超出分数线也不被录取，到高校不能因身体残疾而不予录取的规定出台，再到为残疾考生提供合理便利……越来越多的残疾人能够与健全人享有平等的考试、录取和就业的权利与机会。然而，这些权利和机会的争取，却经历了一个渐进的过程。在这个过程中，滨州医学院作为敢为人先的破冰者，做出了历史性的贡献，成为中国残疾人高等教育的开创者、推动者和引领者。

二、滨州医学院残疾人高等教育的发展历程

（一）创办残疾人高等教育阶段（1977~1985 年）

1977 年高考制度恢复以后，滨州医学院在历年的招生工作中发现，许多残障学生虽然分数很高，但因为身体有残疾不符合体检标准而失去了录取机会。学校是“看在眼里，疼在心里”，认为残疾人应该同等享有接受高等教育的权利，接受过高等教育的残疾青年一定能够成为社会的有用人才。同时，学校敏锐地觉察到，随着改革开放的深化和社会文明的进步，发展残疾人高等教育是历史的必然，创办残疾人高等教育是学校独辟蹊径、办出特色的重要机遇。从最初大家不理解、不愿意、不看好，到打破观念、逐步认可、完全接受，学校做了大量深入且细致的工作。1984 年招生工作中，创办残疾人高等教育再次被提上重要议事日程，并在全校形成了广泛的共识。

1984 年 9 月 7 日，学校向山东省教育厅、省计委报送了《关于承受培养伤残学生的报告》。同年 11 月 3 日，受学校党委委托，副院长郭玮带领两位负责同志赶赴北京，专程拜访中国残疾人福利基金会理事长邓朴方同志，专题汇报了滨州医学院创办残疾人医学本科班事宜。邓朴方同志非常高兴，他表示：“开发残疾人智力资源是一件很有意义的好事，我完全赞同，坚决支持。办好这个残疾人本科班，关键是教育质量能否与普通大学的教育质量相媲美。”此后，他又介绍郭玮一行到卫生部，卫生部负责同志也表示支持。之后的 11 月 7 日，郭玮等返校后向党委做了汇报，党委研究表示，马上根据招生计划、培养目标、课程设置、经费等问题制定详细方案，再向中央和省有关部门请示，同时立即着手筹备招生事宜，

并将该系名称定为“医学二系”。此后，院领导和有关部门同志多次赴中央和山东省有关部门请示，教育部、卫生部、民政部、中国残疾人福利基金会一致表示大力支持。

1985年1月6日，卫生部医政司牟天培同志（后任卫生部保健司负责人）和中国残疾人福利基金会杨文娟同志来校考察。在听取学校汇报和实地考察后，他们明确表示：“你们提出开办一个专门招收残疾考生的医学系，这是件大事，也是件好事，是件大好事。就全国来说，是首家，具有开创性的意义。学校完全具备办好医学二系的条件，卫生部、基金会将全力支持。”在原国家教委、卫生部、中国残疾人福利基金会和山东省委、省政府的支持帮助下，经学校多方艰苦细致的工作，1985年1月20日，山东省教育厅、卫生厅联合发文：同意滨州医学院从1985年开始举办残障大学生医学二系，每年招生50人，学制5年，规模为250人，面向全国招生。由此宣告我国第一个招收残障学生的大学本科系正式成立，这也是我国残疾人高等教育的开端。

1985年6月6日，中央人民广播电台、山东人民广播电台在新闻节目中报道了滨州医学院医学二系招生的消息。此后，《人民日报》《光明日报》《解放军报》《文汇报》《大众日报》及华东、华北等地区的省市电台、电视台、报纸相继报道，宣告我国第一个残疾人医学系——滨州医学院医学二系诞生的消息。另外，新华社向80多个国家和地区介绍了我国第一个残疾人医学系，引起了国际社会的广泛关注和赞誉。

（二）单专业举办残疾人高等教育阶段（1985~1993年）

1985年9月10~11日，来自北京、天津、河北、山西、福建、江西、浙江、安徽、江苏、上海、山东等11个省市的57名残障学生兴高采烈地跨进滨州医学院的校门，成为医学二系的首批学生。其中，5名学生为中国人民解放军总政治部推荐的在对越自卫反击战中立功受奖的伤残战士。这批学生的高考分数平均高出本科录取分数线34. 7分，最高分高出114分。他们大多数是几次参加高考均已超过录取分数线，均因身体残疾未被录取，有的录取了又被退回，有的同学难过得甚至失去了活下去的勇气。来自山西的一位同学忘不了入学前的情景，他是被全村的乡亲簇拥着送出大山的，他一瘸一拐走出那个山村，走出那崎岖的小路，回望大山，泪流满面。另一位同学不敢相信自己真的被大学录取了，来到宿舍后不肯打开行李卷，一年前的情景依然历历在目——当她兴冲冲地进入那所大学，可想不到仅仅两天之后就被告知由于身体原因必须退学，不得已离开了那个美丽的校园。当她被滨州医学院录取的消息传到家里，她年迈的父亲躲到大门外痛哭失声，那哭声犹然在耳！开学典礼上，同学们聆听着时代楷模张海迪的讲话录音，整个礼堂一片啜泣。现场的媒体记者流着眼泪，在泪眼蒙眬中录下这些令人终生难忘的镜头。

1985 年至 1993 年，学校只在临床医学专业招收残障大学生，共招收学生 880 人，单独编班实行相对集中的管理，随临床医学专业普通班上专业课，在临床医学专业统一的教育目标和培养计划要求下，学校针对残疾人的身心特点和未来职业发展需要，实施了个别化培养方案。这种“有分有合，有同有别”的模式，顺应了世界残疾人高等教育“一体化”和“回归主流”的发展趋势，既有利于残疾人融入社会健康成长，又有利于解决他们的特殊问题和个性化发展需要，还有利于学生之间互相交流和学习。

（三）多专业招收残障学生阶段（1994~2011 年）

学校坚持把残疾人高等教育作为特色，不断拓展招生专业，扩大招生规模，完善办学机制，提高办学层次和质量。1994 年，学校在山东省属医学院校中率先开办了口腔医学本科专业，当年就开始招收残障学生。自此，我校残疾人高等教育专业不再局限于临床医学单个专业，而是随着办学规模的扩大逐步拓展招生专业，进入多专业招收残障学生阶段。2006 年，山东省招生委员会《关于印发〈山东省 2006 年普通高等学校招生工作实施意见〉的通知》（鲁招委〔2006〕5 号）规定：对肢体残疾、生活能够自理、不影响所报专业学习，且高考成绩达到要求的考生，任何学校不能仅因其残疾而不予录取。学校根据鲁招委〔2006〕5 号精神，在《滨州医学院普通高等教育招生章程》中规定，临床医学、中医学、医学影像学等专业优先录取生活能自理、不影响所报专业学习且高考成绩达到要求的残疾考生，入学后单独编班管理。2011 年，学校招收残障学生的本科专业（方向）

扩展到19个，包括临床医学、口腔医学、中医学、医学影像学、麻醉学、应用心理学、信息管理与信息系统、统计学、药学、生物制药、医学检验技术等专业。

（四）多类型建构残疾人高等教育体系阶段（2012年至今）

多年来，中国残疾人联合会（中国残联）一直将我校作为重点支持院校，并将发展滨州医学院残疾人高等教育写入《中国残疾人事业“十二五”发展纲要》，支持我校残疾人高等教育，并提出：“适当扩大招生规模，拓宽专业设置，完善办学机制，提高办学层次和质量。”

党的十八大以来，国家对残疾人教育事业布局提出了新的规划和要求，残疾人教育事业发展面临良好的形势和机遇。学校紧紧抓住这一历史机遇，按照中国残联的要求，遵循残疾人高等教育规律，借鉴国际上残疾人教育先进经验，顺势而为，主动作为，在不断拓展残疾人高等教育招生普通专业的基础上，大力拓展招生专业类别，力争覆盖更多残疾人群体。首先，学校拓展了残疾人高等教育类别。经过大量艰苦细致的工作，2011年以“单考单招”方式招收低视力和盲生工作获得教育部批准；2012年开始面向全国单考单招视障学生，现已招生130余人。视障生教育的开办，填补了我国医学院校开展本科层次视障生教育的空白和山东省高校开展本科层次视障生教育的空白，成为我国医学院校进行视障生教育的标志性事件。其次，积极设置服务于残疾人事业发展的专业，先后设置了特殊教育、听力与言语康复学、康复治疗学等专业。再次，大力拓展残疾人研究生硕士学位授权点，从最初的临床医学拓展到听力与言语康复学、针灸推拿康复学、应用心理学（特殊教育方向）等硕士学位授权点，现共有残疾人研究生硕士学位授权点39个。2018年3月，以“单考单招”方式招收听力障碍学生工作获得教育部批准，开创了医学院校开办听障本科教育的新局面。至此，学校已初步构建起了多专业、多层次、多类型协调发展，残疾人教育与服务残疾人教育协同融合的残疾人高等教育体系。

三、滨州医学院残疾人高等教育的社会影响和历史意义

滨医勇敢的一小步，国家文明的一大步。滨州医学院医学二系的创办，结束

了我国没有残疾人高等教育的历史，体现了滨医人敢为人先、锐意创新的勇气与勇于担当、服务社会的责任感和使命感，开创了在普通本科院校开办残疾人高等教育的先河。这一创举得到社会的广泛关注和高度评价，被誉为“办了天底下功德无量的大好事”，对于残疾人事业、残疾人教育事业和国家文明进步事业的发展，都具有重大意义。

——开创了我国残疾人高等教育先河。它突破了当时招生政策的限制，促进了招生政策的调整，推动了国家对高校招生体检标准进行修改。1985 年，教育部、国家计委、劳动人事部、民政部联合下发《关于做好高等学校招收残疾青年和毕业分配工作的通知》〔（85）教学字 004 号〕，要求：高等学校招生注意录取德智条件优秀的残疾考生（是指肢体残疾，生活能自理，不影响所报专业的学习及毕业后所从事的工作者）；对残疾考生，在全部考生德智条件相同的情况下，不应仅因残疾而不予录取。同年，山东省招生委员会《关于做好一九八五年高等学校招生体检工作的通知》〔（85）鲁招委字 4 号〕在体检标准中，明确减少了对肢残学生的限制。它解决了残疾考生因不符合体检标准而被大学拒之门外的难题，探索建立了政府支持、残联协调、学校为主体的残疾人高等教育新体制，对其他高校招收残障学生起到了引领和示范作用，促进了残疾人高等教育由“一枝独秀”到“百花齐放”格局的形成，成为我国残疾人教育事业发展的标志性事件，永远载入了我国残疾人高等教育的发展史册。1987 年，长春大学特殊教育学院成立，其简介是这样介绍的：“1985 年滨州医学院正式设立残疾人临床医学系，首开残疾人高等教育事业的先河。”随后，天津理工学院、南京盲人联合大学和北京联合大学也相继招收残疾人青年学生。

——推动了我国社会文明进步和公平正义。“招收一个学生，幸福一个家庭，文明一个社会。”残疾人是一个数量众多、特性突出、需要特别帮助的社会群体，由于受身体条件所限，他们的发展面临着诸多困境。在满足基本生存的基础上，有相当一部分适龄青年迫切需要通过高等教育提升自身素质和职业技能，以此来实现自己的发展梦和幸福梦。残疾人与普通人平等接受高等教育是教育公平的最重要内容之一。残疾人高等教育的创办，对传统的残疾人观念和教育观念产生了很大冲击，极大地改变了人们对残疾人的看法，使人们逐步认识到：残疾人同样有接受高等教育的权利，残疾人高等教育是一项崇高的事业，是社会文明程度的重要标志，接纳残疾人接受高等教育是政府和高校义不容辞的责任。残疾人高等教育的创办，保障了残疾人接受高等教育的权利，体现了教育领域的公平正义，为实现残疾人“平等·参与·共享”的目标做出了卓越贡献，是社会公平正义和文明进步的具体体现。它为广大有志残疾青年求学深造、实现自身价值、追求美好生活开创了广阔的天地，为他们平等参与社会生活、回归社会、奉献社会提供了平台，使他们与普通人同等拥有了享有尊严、体面生活和经济社会发展成果的权利。

——展现了我国人道主义良好国际形象。残疾人教育是人道主义事业，人文性是其本质属性。《残疾人机会均等标准规则》明确规定：“各国应确认患有残疾的儿童、青年和成年人能在混合班环境中享有平等的初级、中级和高级教育机会的原则。各国应确保残疾人教育成为其教育系统的一个组成部分。”残疾人教育权利是我国《宪法》《教育法》赋予的基本权利，也是基本人权，并且受国际性公约认可保障。滨州医学院在残疾人高等教育领域的创举和与时俱进的实践，在国际上产生了强烈的反响。30多年来，多家国内外媒体对我校残疾人高等教育进行了全面系统的宣传报道，对残疾人高等教育的办学质量和办学经验给予了充分肯定。联合国教科文组织等国际组织先后来校访问交流，对滨州医学院残疾人高等教育给予了高度评价。滨州医学院残疾人高等教育的创办，适应了现代人类文明发展的要求，展示出社会主义大学的博大胸怀和文明理念，为展示我国保障人权的良好形象和人权事业的发展成就做出了贡献，已成为展示中国社会文明进步和人权状况的窗口，得到了国际社会的广泛关注和赞誉，被誉为“人道主义的一面旗帜”。

——面向新时代具有重要现实意义和特殊时代价值。身体残疾是导致个人和家庭贫困的主要因素之一。2014 年 3 月 21 日，在中国残疾人福利基金会成立30周年之际，习近平同志致信强调，残疾人是一个特殊困难的群体，需要格外关心、格外关注。目前，我国各类残疾人总数已达 8 500 万，其中仍有 1 500 万以上残疾人生活在国家贫困线以下，残疾人仍然是当前中国最困难的社会群体之一。党的十八大以来，党中央制定了精准扶贫战略，贫困残疾人被列入国家脱贫攻坚战的重点和难点群体，成为精准扶贫、精准脱贫的优先对象。党的十九大指出，当前中国社会的主要矛盾是人民群众对于美好生活的需要和不平衡不充分的发展之间的矛盾。《国务院关于加快推进残疾人小康进程的意见》（国发〔2015〕7号）指出："没有残疾人的小康，就不是真正意义上的全面小康。"教育是促进残疾人全面发展、帮助残疾人更好融入社会的基本途径。在全面建成小康社会的历史进程中，让更多残疾人能够接受高等教育，使他们掌握谋生技能、实现就业梦想，这是使他们能够与健全人共同步入全面小康、共享经济社会发展成果的最佳途径，是对贫困残障学生和贫困残疾人家庭的最好帮扶，也是对全面建成小康社会的重大贡献。在全面建成小康社会的背景下，残疾人高等教育肩负着满足残疾人对美好生活需求，实现"人人享有健康"目标的重任，在新时代有着更加重要的现实意义和特殊的时代价值。

滨州医学院从党和国家事业发展的大局出发，主动参与教育精准扶贫的历史进程，把残疾人高等教育作为学校的办学特色积极推动、着力发展，逐步扩大残疾人招生专业、拓展招生类别，培养了1 500余名德智体美劳全面发展的优秀残疾人人才。2012年，面向全国招收视障学生，填补了我国医学院校开展本科层次视障生教育的空白；2018年，面向全国招收听障学生，再一次体现了社会主义大学为社会发展担责、为文明进步担责、为文化昌盛担责的责任担当。引领社会进步是大学的崇高责任，融入国家战略是大学的立身之本，大学承担的责任有多重，社会贡献和影响就有多大，滨州医学院会砥砺前行，为实现中国梦贡献力量。

立人之道

——肢残大学生综合康复模式的构建与实践

原特殊教育学院院长　刘志敏

1985年，滨州医学院创办了全国第一个专门招收残障学生的本科专业——医学二系，开创了我国残疾人高等教育的先河，在国内外产生了广泛的影响。这一创举得到社会的广泛关注和高度评价，盛赞学校“办了天底下功德无量的大好事”。这一创举体现了我国在保障人权事业上的新成就，折射出东方文明古国迈向现代文明社会的伟大进程。二十多年来，学校坚持以人为本的办学理念，努力探索适合中国国情、满足社会需要的残疾人高等医学教育的新路子，探索形成了一条残健融合、教育与康复相结合的残疾人高等教育新模式，为广大残疾人健康成长、全面发展开拓了广阔的道路。

残障大学生的成长有自己的特殊需要和规律，他们的成长集中体现在长善与救失的结合、康复与成长的统一。教育与康复相结合，就是把教育过程和残疾人的康复过程结合起来，实现康复与教育的互动融合。

一、肢体康复

（一）肢体和功能康复

学校重视残障学生肢体和功能康复，对每一个学生进行查体，制定康复方案。学校利用附属医院的优势，设立康复基金提供经费支持，先后为200余名肢体残疾的学生实行了矫形手术和安装辅助支具；设立健身房、康复训练室，帮助学生康复锻炼，使他们的形体和功能都得到了较大改善，有的同学从爬着走到站起来，有的同学扔掉了相伴多年的拐杖，有的同学学会了骑自行车……这使他们不仅身体获得了解放，而且生活获得了尊严和自由。

（二）体育锻炼

开设残疾人适宜的体育课程，如乒乓球、羽毛球、气功、瑜伽、坐式排球等运动，组织残疾人趣味运动会，培养学生的体育爱好和运动技能，增强其参与合作意识。开发竞技体育项目，积极参加竞技体育比赛，每年的学校运动会都为残疾人设立比赛项目，每个学生都能有适合参加的项目，开幕式上当残疾人运动员自信地列队进入时，总是得到最热烈的掌声，参加历届山东省残疾人运动会，项目包括田径、游泳、举重、坐式排球等等，都取得优异成绩。竞技体育提高了学生的运动潜能，增强了学生的竞争意识和勇气，极大地提高了他们的社会参与能力和信心。

（三）个性化康复计划

学校帮助学生制订日常康复锻炼计划，为每一个学生制订计划，提供必要锻炼设备和设施，体育锻炼成为学生生活中的最大爱好和习惯，增强了学生体质和健康，丰富了学生的生活，增加了学生参与社会的机会，生活领域更加广阔，生活内容更加丰富。

二、心理康复

（一）以培养健康自我意识作为核心

心理康复不仅是要解决心理问题，而且要发展积极心理品质。残障大学生的心理问题核心是由于自身残疾和社会的消极影响，形成了自卑、自怨、自弃的消极自我。针对残障大学生的主要心理问题，把培养健康自我意识作为核心，以营造尊重人的教育环境为基础，注重教育环境和校园生活的潜在育人效应；以德育为导向，发挥科学理性和人文价值的引导作用；以自我教育为中介，综合运用教育、训练、咨询和治疗等手段，发挥系统的专业心理干预的关键作用；在活动中塑造积极的行为方式，实现生成健康人格的目的。

（二）以积极心理学为指导

积极心理学把自己的研究重点放在人自身的积极因素方面，主张心理学要以人拥有的、实际的、潜在的具有建设性的力量、美德和善端为出发点，提倡用一种积极的心态对人的许多心理现象（包括心理问题）做出新的解释，从而激发人自身内在的积极力量和优秀品质，并利用这些积极力量和优秀品质来帮助普通人或具有一定天赋的人最大限度地挖掘自己的潜力并获得良好的生活。积极心理学既是人类心理经验的有效的解释理论，也是指导人类社会美好生活的有效的文化建构。积极心理学为残疾人心理教育跳出旧模式、建构新模式提供了最好的观察视角，新的解释理论和新的干预方式。积极心理学启发我们，对残障学生的自卑感，既不能压抑，也不能无视，而要探索自卑转化为追求超越的内在机制，把压力转化为积极的行动策略，把残障学生的丰富经历转化为挖掘人生意义的心理资源，把缺陷劣势转化为发展的优势；引导学生积极面对残疾，积极面对偏见，积极面对挑战，积极面对挫折，珍爱自我，珍视关怀，坚信天生我材必有用，不信春风换不回，自强不息，弘毅精进，长善救失；树立积极的人生态度，培养积极乐观的心理品质，形成积极的行为方式，提高生活和学习发展的效能与质量，促进健全人格的发展。

（三）全面系统的心理康复

通过心理教育、训练、咨询、治疗等全面系统的心理干预，促进残障学生的康复、成长和发展。通过心理学知识的学习，提高自我理解和调节能力。以学习阿德勒、马斯洛等人本主义心理学为重点，激发残障学生的人格理想。学习心理学知识注重以理化情，即用心理学理论解读自己的生命体验，释放压抑的情绪，思考“自己何以如此”；因理生情，即把心理学理论内化为自己的经验，思考“理想的人格应如何”；以理导行，即用心理学理论和方法指导自我调节和行为，努力去实现理想的自己。通过心理训练包括自信心训练、共情和人际交往技能训练、创新思维的开发训练，提高自我调控能力和适应能力。通过咨询和治疗，提高心理健康水平，针对学习障碍、社交恐惧、焦虑和自卑症进行丰富多样的心理教育，促进学生的心理健康状况显著改善，自信、乐观、合作、宽容等积极心理素质显著增强。

三、社会康复

社会康复就是从由于残疾导致的封闭、排斥和低层次的社会生活层面，走向积极开放、广泛参与和丰富多彩的社会生活。提高残疾人的社会适应能力进而提高其社会化水平是提高残疾人回归社会生活的根本性措施。残疾是复杂的生理、社会和文化现象，残疾人的社会适应状况及其结构、影响因素等方面呈现鲜明的群体特征，作为被社会文化标识的特殊群体，其社会化和发展过程面临不同于健全人的社会与文化环境，提高其社会适应能力必须创新和实践有针对的教育模式。影响残障大学生社会适应的关键因素是健康的自我形象、积极的社会态度、扎实的专业能力和灵活有效的自我调节能力。健康的自我形象是前提，职业能力是社会适应的核心，积极的态度是基础，自我调节能力是关键。提高残障大学生社会适应能力必须融合专业教育、素质教育和心理教育，从自我改变、教育塑造、环境营造几个层面，对认知、态度、行为进行全面影响。

（一）倡导和谐理念，提高学生参与意愿

学校倡导尊重和理解残疾人的人文环境，弘扬人道主义，积极举行各种助残活动；全校各级师生关心、支持残疾人，营造接纳残疾人的社会环境。学校为学生所做的这一切，可以构建师生之间的真诚关系，唤醒和激发学生的生命尊严，提高学生的凝聚力和归属感，增强学生的主体意识，包括参与意识、合作意识、竞争意识、创新意识和奉献精神。在这样的环境中，残障大学生能自如地融入每一个地方，能够自然而然地抬起头，在成长路上昂然前行，积极投身丰富的大学生活。

（二）开展社会实践活动，提高参与能力

学校鼓励学生积极参加校内外的文体和社会活动，如设立合唱团参加校内外演出，暑期社会调查走进残疾人家庭，为盲童送爱心等，鼓励和指导学生做家教，学生通过走进家庭、社会、历史，参与面得到拓展。通过设立“教师访谈”、成立手语协会、成立辅仁社团、拓展与国内外学生交流等举措，交往层次得以深化。丰富而深入的交往活动促进学生勇敢地从单一、封闭的自我世界走向宽广的社会。注重在活动中树立学生的社会形象，引导学生感受和发现新的自我：在文体活动中，感受乐观向上、敢于竞争的形象；在社会实践活动中，感受自信的积极建设者形象；在外事活动中，塑造残障学生不卑不亢、自豪开放的形象；在宣传报道中，感受和塑造自强形象。在丰富的社会实践中，学生的现实自我与理想自我、社会自我与自我形象逐步同一，在适应社会过程中，实现从“旧我”到“新我”的不断超越。

（三）培养职业能力，提高社会竞争力

职业能力是社会适应能力的核心，是残障大学生参与社会竞争的核心能力。构建适合残障学生身心特点、符合专业要求和社会需要的人才培养模式，是提高学生社会适应能力的根本。完善残健融合的育人模式，更充分地融合、更充分地照顾群体与个性特点；实施专业教育中的个别化方案，强化适宜学科的学习，提高学生的竞争力；创新就业工作机制，设立“学士后工作站”，开展就业，建立扶助残疾人的社会支持体系，为学生健康成长提供保障。

四、综合康复模式的成果与思考

教育的目的在于发展人、解放人、成就人。教育的作用在于激励自立自强，康复的作用在于辅助自立自强。教育与康复相结合育人模式为残疾人铺就健康成长之路。

（一）实践成果

优质教育保障了残疾青年的教育权利，提高了残疾青年的生命价值和尊严，促进了大学和谐校园建设，发挥了大学引领社会文明的积极作用，开辟了我国残疾人高等教育的新境界。广大残障大学生自强不息、奋发成才，先后有来自全国15个省市的1 000余名残障大学生顺利完成学业，成为医疗、科研等领域的骨干力量。他们中有190人考取研究生，108人加入中国共产党，76人受到省级以上奖励，涌现出“全国自强模范”韩芳、全国“五一劳动奖章”获得者“人民的好医生”曾吾德、“全国三好学生”任乐、“山东省十大优秀学生”殷兆方等一批优秀人才。残疾人高等教育为社会主义和谐社会做出积极贡献，中国残疾人联合会主席邓朴方说：“滨州医学院在国内首先提出创办残疾人高等医学教育，培养的学生非常出色，这是我们的骄傲!”学校被社会誉为“人道主义的一面旗帜”，先后被中宣部等八部委授予“全国扶残助残先进集体”称号，被教育部等部门表彰为“全国特殊教育先进单位”，医学二系党支部被山东省委表彰为“先进基层党组织”。

（二）研究成果

完成全国教育科学规划课题“残障大学生心理健康教育研究”，成果获得山东省高校首届思想教育创新奖；完成中国残联规划课题“残疾人社会适应能力的培养研究——以残障大学生为例”。实践创新与学术研究相结合，使教育康复相结合的育人模式不断完善，对残疾人教育的规律认识不断深化。

教育与康复相结合是滨州医学院残疾人教育的一条重要的经验，也是残疾人教育的特殊规律。我们有以下几点结论：

第一，康复是一个综合的过程。肢体、心理、社会康复是相互融合、相互促进的统一过程。肢体康复在于立其“形”，心理康复在于立其“志”，社会康复在于立其“能”。肢体康复是基础和前提，心理康复是核心和中介，社会康复是根本和目的，它们互相包含、融合、促进、转化，共同促成整个人的改变与生活方式的改变。教育与康复相结合的实质就是全人教育即全面素质教育，促进学生的健康成长、和谐发展。

第二，康复是一个持续的过程。康复过程伴随残障大学生的成长，康复需要、康复内容、康复手段都在变化和深化，这个过程是质量提升、生存方式改变、生命尊严增强的过程。

第三，康复需要知识的、社会的、文化的、物质的综合保障。康复需要观念的支撑，科学的指导，物质的保障，尤其综合康复必须有以人为本的价值观、完整的生命观、和谐的教育观、系统的方法论。

第四，校园是综合康复的理想环境，这是走向社会环境的过渡和准备。大学校园是残障大学生成长的理想环境，在这里他们必须学会迎接社会的挑战，既要有参与社会主流生活的勇气与信心，又要有力争上游的能力与实力。

栉风沐雨

——残障大学生人才培养体系的构建与探索

滨州医学院党委书记　车先礼，特殊教育学院　曹同涛、朱光燕

“为谁培养人，培养什么人，如何培养人”是滨州医学院残疾人高等教育的中心任务。结合学校残疾人高等教育“医教结合”的特点，服务国家“人人享有康复”的战略需求，以融合教育观与“医教康协同”育人观为指导，学校从交叉融合、联动发展的残疾人学科专业体系，因材施教、分类培养的教学体系，机构整合、协同育人的教学管理体系，有爱无碍、智慧人性的条件保障体系，残健融合、平等仁爱的育人文化体系等多个维度构建残障大学生“医教康协同”育人培养体系。

一、残障大学生人才培养面临的挑战

（一）教育对象的复杂性

学校残疾人大学生包含肢残、视障、听障三种类型，其中肢体残障大学生涵盖了学校全部专业，视障大学生主要集中在中医学（针灸推拿方向），听障大学生主要集中在口腔医学技术专业。从单一障碍类型到多种障碍类型并存，特殊教育对象具有复杂性，残障大学生具有显著的个体差异，不同的障碍类别、个体健康状况、特殊的条件需求及其对所学专业适应性等因素，导致残疾人高等教育人才培养不能整齐划一。

（二）人才培养模式的融合性

传统残疾人教育，主要是由特殊教育学校承担，满足残障学生教育的需要，

而忽略康复的需求。传统康复治疗服务，主要由医院承担，不能有效地为教师的教学服务。但是，作为特殊教育对象的残障大学生而言，具有教育与康复的双重需求，相互分离的模式导致残障大学生很难兼顾学习与康复。伴随特殊教育服务对象以及康复医师培养模式的变化，如何构建适应教育康复实践需要的残障大学生人才培养体系尤为迫切。随着现代医学由生物医学模式向“生物—心理—社会”医学模式转变，在“医教结合、教康结合”的背景下，基于学校的残疾人康复治疗模式开始发展，并且逐渐成为残疾人教育过程的一部分。

（三）教育主体的广泛性

残障大学生人才培养，自创办开始采用的就是融合教育模式。残障大学生的培养过程中汇聚了医生、康复治疗师、特教教师、心理咨询师、学生等多方人员的参与，需要教学管理、学生管理、学习资源中心等多部门的支持，这些构成了融合教育的教学主体、管理主体、服务主体。机构之间的职责划分、人员之间的协同关系是残障大学生人才培养的重要保障。

（四）教育共识的渐进性

残疾人教育有其特殊性，需要一个长期的实践过程。滨州医学院作为全国第一个开创残疾人高等教育的普通本科院校，在开办之初是“摸着石头过河”，没有残疾人相关的教育教学经验，也缺乏其他高校的实践案例可供借鉴，这在一定程度上带来了一些忐忑不安的情绪，甚至引起了部分学校老师和学生的质疑：残障大学生在校园里怎么生活，怎么学习，能不能学好……这些不同的声音折射出一个问题，即在残疾人高等教育初期，教师与普通学生参与的积极性不高，参与度与认同度不高。这说到底是一个教育共识与文化认同的问题，这是人才培养的深层次的问题。这种内隐的观念影响着外显的教育行为。如何营造融合氛围，解决普通高校残障大学生人才培养的文化认同问题，也是学校残障大学生人才培养过程中面临的挑战。

二、残障大学生人才培养的理论基础

（一）正确认识残疾人高等教育，树立融合教育观

融合教育是当前国际特殊教育发展的主流趋势，也是我国残疾人高等教育发展的基本理念。融合教育的目标是通过融合教育建立融合社会，它倡导在全社会的框架内统筹残疾人高等教育的发展，不仅关注残疾人社会需求与期待，还有关心普通群体对特殊群体的期待。因此，从办学理念看，残疾人高等教育不仅是基于残疾人人性关怀的人道主义，基于残疾人主体性发挥的人本主义，更是基于残疾人和普通人两类主体融合发展的以人民为中心的民本思想的体现。融合教育理念的核心是为每个有特殊教育需要的残疾人提供公正的高质量的教育，注重平等、参与、共享。以融合教育为指导，意味着从教育对象上，要为每个人提供满足其需要的、有质量的、适合终身发展的教育；从组织形式上，逐渐突破了特殊教育的局限，促进普通教育与特殊教育的双向融合。

（二）正确认识医学院校组织属性，树立“医教康协同”育人观

传统残疾观是从健全人的立场出发，强调“残疾”是由于自身损伤而造成的活动受限或缺失；现代残疾观从全社会立场，强调“残疾”是可能所有人都存在的属性，不仅身体损伤是残疾状态，活动受限和参与受限也是残疾状态。医学院校伴随医学模式的转变，对残疾人残疾状态的改变具有较大优势。基于此，滨州医学院在残障大学生培养中，贯穿了“医教康协同”的育人理念。“医教康协同”指以残障大学生为特定教育对象，将着眼生命健康全周期的医学观、着眼综合康复与精准康复的康复观、着眼残障大学生融合发展的教育观相结合，贯穿残障大学生人才培养全过程。“医教康协同”理念下多学科融合的残障大学生人才培养体系的构建与实践，顺应了残疾人教育发展的主流趋势、高等教育的改革发展大势和医学教育的重要转型，实现了医学教育、残疾人教育和康复教育的深度融合。

三、残障大学生人才培养体系的实践探索

残障大学生是我国高等教育中的特殊群体和弱势群体，传统的以特殊教育为单一主体的人才培养模式已无法充分实现残障大学生全面康复和成长成才的目标要求。因此，迫切需要创新实践，在人才培养体系方面探寻本土化发展路径。

（一）顶层设计与基层设计相结合，做好人才培养的教学决策

残障大学生培养是一项系统工程，基于对残障大学生人才培养问题特殊性、复杂性、长期性的全面研判，学校在教学政策与制度上做出了理性分析与科学决策。从学校“一优两特”发展规划、学院康复教育实施方案，到残障大学生人才培养方案制定，将人才培养的顶层设计与基层设计相结合，对残障大学生人才培养进行系统思考。

（二）全面嵌入，探索人才培养的实践路径

1. 协同发展，构建残疾人教育与服务残疾人教育专业群

学校残疾人高等教育招生首先从肢体障碍类型开始。1985 年至 1993 年，学校只在临床医学专业招收残障学生。2011 年，学校招收肢体残障大学生的本科专业扩展到 19 个。目前，肢残大学生的招生扩展到全部 34 个专业。学校视障大学生主要集中在中医学（针灸推拿方向）专业，听障大学生主要集中在口腔医学技术专业。从单一专业单一障碍类型，到多专业多障碍类型，专业联动发展支撑了学校多种障碍类型的残障大学生培养。同时，学校构建了康复类专业群，构建临床康复、中医康复、护理康复、听力与言语康复、自闭症儿童康复、心理康复、康复治疗学、康复物理治疗、假肢矫形工程等协同发展的康复类专业体系，形成残障大学生人才培养与服务残疾人专业人才培养协同发展的专业格局。

2. 价值引领，聚焦“医本思政与特教情怀”开展嵌入式课程思政

从理念与实践、课程建设、教材建设、专业建设、教学目标、课程设置、实践教学、教学评价等各个要素，探索嵌入式课程思政，努力挖掘滨医“仁心妙术”

的校园文化资源与滨医故事案例，将滨医精神与特教情怀相结合，打造有温度的课堂。

3. 需求导向，开展人才培养方案的一体化设计与论证

调研残障大学生需求，对接岗位胜任力，顶层设计人才培养方案。从残障大学生人才培养的要素、结构、环境三个维度，对人才培养方案进行一体化设计，包括人才培养的目标定位、培养要求、课程设置、实践教学、教学评价、教学支持与保障等。同时，依托教学指导委员会，发挥校内外专家力量，对人才培养方案进行论证。

4. 体系创新，聚焦人才培养核心要素，构建协同育人教学体系

一是建设“四层次融合课程体系”：搭建通识教育类、特殊教育类、医学基础类、康复技能保健类四层次课程体系，既重视通识教育与专业知识培养，又突出医学特色与康复技能。四层次课程体系是具有特定功能、结构的科学知识系统，各课程内部要素各有侧重，相互关联，能够发挥多元学科专业的知识协同作用。

二是贯通“三阶段产教协同实践教学体系”：将新技术应用于实验实践平台建设，发挥医学院校教学医院的资源优势，加强医学院校与特殊教育机构、康复机构、医院的合作，探索残障大学生见习实习新路径，贯通“课内—校内—校外”的三段式实践教学，提升实践育人质量。

三是建立“全过程大数据教学评价反馈体系”：将信息技术嵌入理论教学与实践教学中，利用智慧教室信息整合优势，建立涵盖理论教学与实践教学、贯穿授课、作业、考试等全过程的大数据评价反馈体系，提高评价的精准性、可溯性、追踪性与改进性。

四是推进“大部制管理机制保障体系”：建立康复学部，明晰学部与学院、学院与学院、学科与专业、专业与专业的纵横逻辑关系，确定规划、统筹、协调、服务具体职能，促进学科交叉与资源整合，实质性推进大部制管理运行机制融合。

5. 多方协同，夯实残障大学生人才培养支持体系

一是加强身心健康指导：新生入学初期进行心理及身体健康评估，将评估结果建档，根据需要实施“医学+康复+教育”的综合干预治疗。

二是加强学生管理服务：倡导以服务为导向的规范化、科学化、智慧化管理，借助无障碍智慧校园为学生提供精准服务。

三是加强学生创新创业指导：结合学生特长，组建残健融合的学生社团，建立残障大学生创新创业指导中心，实施学校企业双导师制。

四是加强学习资源支持：进行校园无障碍环境改造，建设残障大学生专用学习资源中心。在坡道、盲道的基础上，增设了各类无障碍生活、教学设施，重点对数字化校园进行了无障碍改造，极大地保障了残障大学生安全并为生活、学习提供了便利，也为融合教育的深度开展打好了基础。

6. 文化滋养，孕育仁爱校园融合文化

坚持立德树人、以文化人，通过开展“精神铸魂”“典型引领”“修身养德”等活动，将平等、参与、共享的“仁爱”精神融入教育、管理、服务各环节，熔铸形成“大医精诚、大爱无疆”的文化特色和“扶残助残、关爱生命”的文化品牌。以人为本的理念、扶残助残的风尚、人道主义的自觉，已深深融入滨医人的血脉，成为师生的文化特质和行为自觉，孕育着残障大学生新文化的生成。

“三全”育人

SANQUANYUREN

与特教一起走过的日子

特殊教育学院　曹同涛

一、缘来是你——邂逅

我与特教的故事还得从2010年夏天的一次会议说起，当时我从事成人教育工作，那年夏天参加了北京联合大学举办的全国成人教育工作交流会，会后同行的同事说我们学校的其他领导也来北京了，让我们去与他们会合。在学校门口遇到了一行几人，交谈中得知是来考察视障生教育的，当时对"视障生"这个词也是似懂非懂，跟着队伍一起参观了校园。记得当时大家考察得非常仔细，有学生宿舍、教室、图书馆、食堂、浴室，等等，对方领导的介绍也很详细。但我作为一个局外人并没有特别在意，也不太理解他们交流的内容，特别是到了后来的座谈会，更是满头雾水，听不进去，现在更是已完全不记得大家讨论了什么。

之后不久，我便接到学校任命，到中西医结合学院工作。在与学院领导交流中得知，学校正在为申报视障生单考单招做准备，由于所学专业是中医学（针灸推拿方向），由特教学院和中西医结合学院联合开展工作。两个学院正在就视障学生招生后，如何开展教学、如何做好管理和生活服务做准备，几个月前北京的考察就是工作之一。

2011年筹备阶段的工作，我参与的也并不多，好像是就管理体制问题讨论得比较多，再后来就是招生工作，总之都是两个学院在沟通。

2012年春天，在一次谈话中，得知拟任命我负责视障生的学生管理工作，但消息后的半年里并没有得到正式通知，所以当时的我对视障学生的教育管理仍没有什么清晰的认知和充分准备。

2012 年 6 月，任命文件正式下达，我负责视障生管理工作，说实话，接到任命后，心里还是挺慌的。上任了才知道，特教学院的院长已于当年 5 月借调教育部工作，在他回来之前需要由我和办公室主任两人开展学院全部工作。然后就是开学前的各项准备工作，直到 9 月份 11 名视障学生正式入学，看到他们坐在教室里上课的那一刻，我才真正认识到，我已经成为一名特教工作者。

两年前北京的考察就是我与特教的一面之缘，经历了两年的懵懂，才明白这份难解之情，缘来是你！

二、初次接触——开学

两年来只有一面之缘，真正要做这项工作时，才深感准备不足。首先，我本人根本不了解残障大学生这个群体；其次，时间已经到了开学前的准备阶段，在这个节骨眼上，没有时间去系统学习；再就是从宿舍到食堂，从教室到学习资源中心都还只是规划阶段，从管理人员到教师团队，都在等着我们来做好培训、交流和座谈等各项教学准备。

幸运的是，学校有着多年的残疾人高等教育经验，尤其是学校对视障生教育的高度重视，使得从经费保障到各部门配合，都顺利到了极致。短短一个多月，培训中心的两层教学区改造完全，两层单独的视障生宿舍修缮一新，校园内的盲道完成铺设，食堂打饭窗口以及就餐区域等都进行了专门设计和改建。

上网学习、集体讨论、情景体验是我们解决学生特殊需求和问题的法宝。有国家行业标准的，我们就看文件学习相关条款，再加以落实；没有标准的，就集体讨论，拿不定主意，就蒙上自己的眼睛去切身感受一下，自己去体会同学们可能会遇到的一些问题。记得那个时候，每天上班，闭上眼睛楼上楼下、屋内屋外走上两圈，成了我们的工作习惯。好多问题都得到了创造性的解决，到现在说起来大家都引以为豪，如走廊里的盲道、宿舍的门牌、各类奇思妙想的学习生活用具，等等。

2012 年的 9 月，优美的无障碍校园环境、崭新且拥有现代化辅助设备的教室和特意打造出的温馨舒适两人间宿舍，让我们欣慰地看到终于是“万事俱备只欠东风”了。

迎新期间，为全力做好服务，确保学生安全、便利地到达学校，我们成立了大学生志愿服务队，采用一对一、多对一的方式与视障同学进行提前对接。从机场、火车站、公交车站等第一时间接送到校，并协助办理各项报到手续，安顿好所有事宜，这期间志愿者随叫随到，随时服务。

虽然只有11名新生入学，但隆重的开学典礼和人来人往的特教小楼，无不让人感受到了热烈的节日气氛。大家对视障同学真的是太热情了，搀着的、扶着的，生怕一松手就会磕着、碰着、消失不见了。

然而，开学的第三天，我办公室门被敲响了，开门一看，好家伙，11名同学整齐地站在门外，我想他们这是请愿来了。他们说：“老师，我们要隐私，我们要自立!”仔细一问才知道，志愿者的服务让他们很不适应，他们早已具备独立生活的能力，除了必要的设施和个别的服务外，不需要其他人的照顾。表达完诉求后，随行的一位家长还执意让他的孩子，就全盲同学的出行能力演示给我看，表示他们在楼内生活五天后，孩子已经完全能够独立上下楼和进出自己想到到达的任何房间，根本不需要别人一直照顾。

唉！我对他们真的是太不了解了啊！

三、迎接挑战——军训

开学后，经实践证明，视障同学真的是除了看，其他都没什么问题。他们阳光开朗，热情上进，积极的课堂气氛打消了老师们上课难的顾虑。课后很多老师会兴奋地跑到我办公室，对孩子们赞不绝口，这也极大地鼓舞了我的信心。

2013年，随着第二批视障学生入学，我们的在校生已达到了近40人，融入校园的意识，让我们觉得新生军训也不应该落后。预计了各种困难和问题，尤其是从学生的角度，重点考虑了学生的自尊心和有没有信心完成的问题，多次与学生交流座谈，同学们的热情出奇地高涨，从心理上做好了军训的准备。学校也高度重视，特意选派了两名高素质的教官对他们进行军训。

刚开始的时候，教官每次介绍学生军训情况，脸上是带着兴奋的，对学生展现出的能力和精神感到震惊。但随着军训科目的深入，情况骤变，教官脸上的兴奋劲消失不见了，取而代之的是一脸的惆怅和郁闷。终于有一天，我在办公室的时候，教官推门而入，这个大小伙子在我面前哭了起来。他说学生们身体素质太差了，站一会就受不了了；说齐步走、踢正步没法训了，因为看不到根本走不齐；说学生动作不规范，他训不敢训，连说也怕说多了；说有的学生做错了动作，说了好多遍就是改不过来，女同学他又不好动手去纠正，说他干不了了，想放弃。随后，又跟我聊起了他是主动承担这项特殊任务的，他要退伍了，想挑战一下自己，没想到会是这么难。听完他的诉说，我也跟他说起了我的经历，两人在互相倾诉中逐渐找到了自信，坚定了信心，其实一切困难的根源都源于我们对视障大学生的不了解。

后面的几天，我和生活老师还有两位教官一起训练学生，想出各种办法走齐、踢稳。带着15天的训练成果，同学们手挽着手，雄赳赳气昂昂的，迈着整齐的步伐走过阅兵场的那一刻，全场响起了热烈的掌声。我们成功了！

典礼结束，两位教官被视障同学高高地举在头顶，一路回到学生宿舍，给他们献上了自己制作的小礼物。两本相册，记录了军训过程的点点滴滴。临别时，特教楼下，40名视障大学生整整齐齐站好了队伍，为两位教官唱起了离别的歌曲！

那一刻，我就站在旁边，看着40名同学和两名可爱的教官，激动不已，同学们，你们成功了！

教官哽咽着告诉我，两天前他就已经向部队打了报告，不复员了，请求继续留在部队再工作一段，是同学们的努力和自强自立感染了他，他说他从同学们身上学到了很多，他会受益一辈子的！

四、遭遇碰壁——实习

滨州医学院开创了我国残疾人高等教育的先河，三十多年来形成的残健融合的文化，早已深入人心，同学们在大学校园里，互相融入，共同学习，一起进步，早已习以为常。然而，专业学习之后要步入社会、要就业，而实习就是他们踏入社会的第一步。

视障人群行动不便，在选择工作岗位时会面临很多困难，进入医院实习、见习也是同样的问题，这些困难和问题，我们也早有预计。为做好实习准备，我们首先从自身入手，由老师带领同学们加班加点，强化专业能力训练。平时还注重课间实习和社会服务，主动地走出去提升自己的能力和水平，也收到了很多的社会赞誉。

2014 年冬天，我特意筛选了一家不错的医院，请人帮着介绍后，带着两名视障同学坐上了去洽谈合作的火车。出发前，我们满怀期待地给院方发送了资料，介绍我们的专业和特长，以及见习、实习的有关需求。一开始院方的反应非常积极，说这是一件大好事。然而，在坐了四个多小时火车后，接到了来电，告知他们院长下午有会，不方便接待我们，请我们回去吧。考虑到事先做了好多准备，而且我们已经在前往医院的出租车上，就坚持到了医院。

随后，工作人员就带领我们去了会议室等候，还为我们每人倒了一杯茶水，谁料这一等就是三个多小时。三个小时中，我一直在和同学们交流，如何回答老师们的问题，如何更好地展示自己的专业水平等等。时间过得倒也挺快，这时候工作人员进来告诉我们，院长没空见我们了，说安排了科室主任晚点过来，让我们再等等。又一个小时后，仍没人来，我们预感到情况可能不乐观了，再过一个多小时，终于盼来了一名大夫，他说主任已经下班回家了，安排了值夜班的大夫晚点来见个面。

不知道等了多久，终于会议室的大门慢慢地打开了，一个“白大褂”走了进来，我们赶忙起身相迎。可是，话还没出口，就被一连串喋喋不休的抱怨打断了：“我知道盲人，但是你们知道我们科室是为什么人服务的吗？都是有头有脸的，你们来实习会影响我们的脸面和科室收入，我们接不了你们。”

后面的话，我早已不记得了，只记得两名同学因为激动而颤抖的双腿和紧紧握起的拳头，还有桌子上那杯放了好多个小时，早已凉透了的茶水。

当然，这件事只是代表了那个时候一部分人的不理解，同时也更加说明我们自身的能力和水平需要尽快提高，要靠自己的双手去赢得别人的尊重和理解。

强扭的瓜不甜，后来，我们转换思路，开阔视野，在全国范围内寻求志同道合的朋友，从而建立起了一批高水平的实践基地。

五、内心震撼——考察

工作步入正轨后，我反复思考如何把工作做细，如何为学生提供更好的学习和成长环境。鉴于准备阶段我完美地错过了考察，创建阶段又整天忙于琐碎事务，没能抽出更多时间，2015 年春天，我组成考察团队，分别到长春、北京、郑州进行了学习，学习的主要内容是围绕学生管理、教学、平台建设等进行座谈和实地考察。

兄弟院校多年来的做法和经验，给了我们很多借鉴和启发。交流过程中，多次提到了残疾儿童康复的问题，主要就是说有的地方重视儿童康复，很多孩子在专业的康复治疗后，借助辅助设备能有效地改善自身发展，身体条件好，学习基础也好，这些孩子将来上大学后走向社会更加容易，于是我们就产生了去基础教育特别是儿童康复机构看看的强烈想法。

带着这个想法，在郑州时，向当地领导说出了这个请求，刚好他们能够为我们安排考察河南省残疾儿童康复中心。

前往康复中心的路上，工作人员告诉，我们，即将看到的是自闭症儿童和聋哑儿童的康复治疗，他介绍到残疾儿童发病率如何高，对家庭的影响如何大，康复过程如何艰难，等等。我脑子里也瞬间回到了小时候对聋哑人的认知，那个年代的聋哑人整天咿咿呀呀地比画着，试图与人交流，但大都会被鄙视和疏远，更有不法分子专门训练聋哑孩子做小偷。总之，在我的认知中，聋哑人就正如老人常挂在嘴边那一句话“哑巴说话，铁树开花”，他们是没办法学习工作的。

到达康复中心，一楼和二楼是自闭症儿童康复科，自闭病儿童的三大特点分别是刻板行为、情绪障碍、不交流。那么多可爱的孩子因长期无法康复，给多少家庭带来了无尽的折磨。而我们目前的康复事业发展水平，却还不能拿出更加有效的手段来治疗他们，尤其是康复人才的培养还远远满足不了需求，考察后我为之震惊！深感人才培养压力之大！

三楼是聋哑儿童康复中心，工作人员领我们来到一个集体教室前，告诉我们孩子们正在上课，可以进去感受一下，然后他就敲门而入。我跟在后面，本想站到墙边看看他们如何上课，没想到，老师说了一句：“同学们，快叫叔叔好！”随后，七八个孩子就一起向我跑了过来，跑在前面的还抱着我的腿，关键是他们嘴里都非常清晰地喊着：“叔叔好！叔叔好！”这还是我认知中的聋哑人吗？他们是能听能说，活泼可爱的聋哑人啊！

国家现代科技的发展和支持改变了他们，人工耳蜗技术改变了他们，助听器技术改变了他们。但更加关键的是听力与言语康复学科的发展改变了他们，我们培养的一批批听力与言语康复师们，为行业发展做出了重大贡献啊！

六、迈向成功——认可

出于对康复事业发展的认知，我深信越来越多的听障儿童会得到有效的康复，他们借助各类康复治疗手段，能够找到获取知识的途径，能够学习专业本领，能够从事很多行业的工作。

正是由于这个坚持，2017 年学校再一次向教育部申请了听障学生单考单招资格，在经过几轮答辩后，得到了山东省和教育部认可。2018 年，在口腔医学技术专业首批招收了听力障碍大学生。学校在实现招生类别突破的同时，也带来了一系列的教学变革。

首先，我的认知没有错，确实有很多聋哑学生得到了康复，能听能说，但康复水平参差不齐，仍有不少孩子依靠手语和文字交流来学习，课堂学习效果不好，知识的接受度比较低。鉴于这些个体差异，我们逐门课程与老师进行了沟通，改进教学方法，加强课前、课后交流和辅导。这一系列的变化，会给老师们增加很多无形的教学压力和工作量。但是，老师们没有一句抱怨，没有一个逃兵，大家讨论的只是如何把学生培养好，用什么办法教会他们，这种对残疾人教育事业的认可，值得所有人敬佩！

同样要走向社会，同样的实习和就业问题，在听障生身上却体会到了不同的待遇。

2019 年，为解决好听障生见习、实习问题，通过朋友介绍联系上了成都一家企业的负责人，他们的企业既有口腔门诊也有义齿加工业务，非常适合学生们学习。“一朝被蛇咬十年怕井绳”，有过之前的经历，这一次我给中间人反复强调我们是聋哑学生，又经反复确认后我们才到了成都。

会谈安排在他们的口腔医院，对方高度重视，集团董事长和医院的几名院长同时参加。在双方介绍完情况后，我依然放不开紧张的心情，又不合时宜地再次说出了心中的顾虑。听完我的顾虑后，集团董事长非常坚定地看着我，走上前来郑重地说：“我保证，您有多少学生我接多少学生。我保证，您的学生选择在我这里就业，月工资不低于一万元。”听到这里，我的心情瞬间就放松了。真的，没有什么能比得上“认可”这两个字更让人感动！

转眼，我在特殊教育这个岗位上已工作近十年，十年的风风雨雨，历历在目。回顾我校特殊教育发展，为国家和社会做出了一定的贡献：一是敢为人先，开创了我国残疾人高等教育的先河，率先踩出了一条残疾人高等教育发展之路；二是率先探索，从医学专业的角度，培养医学类残障大学生；三是学科交叉，从医学院校的角度开办特殊教育类专业，实现医教康有机融合，助力特殊教育事业发展；四是深耕 36 年，在实践中构建了残疾人高等教育的人才培养体系，取得了丰硕的办学成果；五是以仁心、妙术为理念，为特殊教育事业发展的大格局，打造了一个残疾人高等教育的“样板间”。

我深信，在历代特教人的共同努力下，一定能够做好特殊教育事业，让残障学生真正实现“条件无障碍，信息无障碍，身心无障碍”，真正做到“特教不特”！

特教三十载开拓创新，奋进新时代

滨州医学院特聘教授　孙喜斌

残疾人是人类大家庭的平等成员。尊重和保障残疾人的人权和人格尊严，使他们能以平等的地位和均等的机会充分参与社会生活，共享物质文明和精神文明成果，是国家义不容辞的责任，也是中国特色社会主义制度的必然要求。在建设中国特色社会主义伟大事业进程中，中国共产党和中国政府本着对人民负责的精神，坚持以人民为中心，关心特殊困难群体，尊重残疾人意愿，保障残疾人权利，注重残疾人的社会参与，推动残疾人真正成为权利主体，成为经济社会发展的参与者、贡献者和享有者。

在习近平新时代中国特色社会主义思想指引下，中国将残疾人事业发展作为全面建成小康社会的重要目标，坚持政府主导与社会参与、市场推动相结合，坚持增进残疾人福祉和促进残疾人自强自立相结合，将残疾人事业纳入国家经济社会发展总体规划和国家人权行动计划，残疾人权益保障的体制机制不断完善，残疾人社会保障制度和服务体系不断健全，残疾人获得感、幸福感、安全感持续提升，残疾人事业取得举世瞩目的历史性成就。

中华人民共和国成立之后，有计划的残疾人高等院校教育始于 1985 年。这一年，滨州医学院结合自身办学优势，解放思想，敢为人先，创办了专门招收残障学生的残疾人医学系，成为我国残疾人高等教育的开端和标志性事件，开创了残疾人高等教育的历史先河。从这以后，全国高考招生录取标准逐渐修改，残疾人高等教育政策法规不断出台，招收残障大学生的高校试点逐渐扩大，从肢体残疾人，到盲人、聋人，再到多重残疾人，残疾人高等教育由最初的一朵"报春花"，发展为万紫千红的"百花园"。学校坚持以促进残障大学生康复和发展为核心，重视专业发展，提出了以医学学科为优势，以康复医学、特殊教育为特色的学科发展战略，形成了具有滨医特色的“残健融合，教康结合，学用合一”的残疾人人才培养模式。经过30多年的砥砺奋进和创新发展，形成了高质量残疾人与高层次残疾人服务专业人才培养的发展格局，增加了滨州医学院教育康复类别，从而为学校构建了完善的残疾人高等教育体系。在这个进程中，滨医面向全国各地的残疾考生开展单考单招，特教学院在针灸推拿专业基础上，增设适合残障学生的口腔技术专业，并扩大残障学生接受高等教育的规模，帮助更多的残疾人通过接受高等融合教育，更加充分平等地融入社会，并不断加强自身建设，努力为残疾人接受高等教育提供无障碍环境、课程资源和学习策略等专业支持服务，帮助残障学生顺利完成大学学业，成为建设国家现代化事业的栋梁之材。此外，学校始终坚持以人民为本，构建德智体美劳全面发展的育人体系，深化教育教学体系改革，完善支持保障体系，逐步将现代信息技术嵌入残疾人高等教育教学，而在这种教育教学的过程中，残疾人高等教育不再仅仅是特殊教育的组成部分，更体现着普通教育与特殊教育“双主体”的深度融合。更重要的是，从招收残障大学生开始，学校加强了无障碍设施的建设，建设了方便残障大学生的洗衣房、健身房、浴室等设施，还成立了残障大学生康复基金，为每名新生制订康复计划，利用附属医院的力量，为残障大学生做康复手术治疗。30多年来，先后有1 500余名残障大学生在这里得到康复，完成学业，走向社会，开启了崭新的人生征程。

滨医实现了残疾人高等教育价值取向的跃迁，实现了残疾人高等教育从基于残疾人人性关怀的人道主义、基于残疾人主体性发扬的人本主义，到基于残疾人和普通人双主体的协同发展过程，推动着残疾人高等教育向纵深发展，也影响着普通高等教育的改革创新。

在未来，滨医也会继续坚持高等教育普遍规律与残疾人教育特殊规律相统一、相融合，不断完善构建符合残疾人特点的融合教育教学体系，建设残疾人高等教育一流学科专业、一流师资队伍、一流课堂教学，交给残障学生打开未来之门的“金钥匙”，让他们能够敏锐地洞悉未来、自信地拥抱并引领未来。以残疾人的发展为主旨，以残疾人多样化需求为导向，以精准化的服务与教育为抓手，共筑残疾人和谐发展的宏伟目标。汇聚育人合力，深入推进“产学研用”协同育人机制，实现合作办学、合作育人、合作发展。紧紧把握新时代高等教育发展的历史机遇，加快人才培养的思想创新、理念创新、方法技术创新和模式创新，培养具有深厚爱国情怀、宽广国际视野、勇挑历史重担的新时代人才。

回眸滨医特殊教育事业的发展足迹，激励着一代又一代特教人奋进、致远；关怀残障学生的发展进步，在春风化雨的教学体系中体现滨医人的特教情怀；培育一代代坚毅顽强的医学人才，用仁心妙术来谱写时代与青春的华章；不断发扬仁爱友善的校风，敦和团结的风尚溢满了滨医校园。相信在这样的情怀和精神下，滨医特殊教育事业能够乘势向前、不断发展勇攀登，并推动新时代残疾人教育事业不断向前发展。

我和特教学院的故事

滨州医学院特聘教授　郑庆印

我是滨州医学院1985届的毕业生，在我毕业当年已经听闻学校新创办的医学二系——一个专门招收残疾考生的学系，将要迎来全国第一批残障大学生。但作为当年的毕业生，我并没有机会亲眼见证学校这一历史性时刻，然而我与特教学院的缘分却在后面的岁月中慢慢展开。

2011年，我作为山东省“泰山学者海外特聘专家”任职于母校，主要从事的工作是听力损失的发病机制和干预研究。据世界卫生组织报道，全球可以评定为残疾的听力损失人数达4. 66亿，导致听力残疾的原因主要有遗传、药物、噪声、老化等，然而目前并没有有效的药物进行治疗。我国是人口大国，据第二次全国残疾人抽样调查显示，我国听力残疾人口有2 780万，为六大残疾之首。另外，平均每年新增近3万名听损儿童，而专业的听力学从业人员却严重不足，严重制约了为听力残疾人员服务的质量和水平。

经过近30年的发展，我校的医学二系于2012年更名为特殊教育学院，截至当年，我校已培养了1 000余名残障大学生，其中主要是肢体残疾的学生。而实际上自从1985年我校首次招收肢体残障大学生开始，全国越来越多的普通高校也对肢体残疾人敞开了大门。随着招生人数的逐渐减少，如今的特殊教育学院如何更好地、与时俱进地办好残疾人高等教育和为残疾人服务，成为学校特殊教育事业发展的巨大挑战。

同样是在2012年，教育部本科专业目录首次增设了与听力学相关的专业——听力与言语康复学专业。该专业旨在培养具备听力与言语康复学理论基础、专业知识和技能，能在各级医疗单位、康复机构、特殊教育机构从事听力障碍、言语语言障碍以及嗓音问题人群的诊断、治疗、康复及研究工作的专业人才。而我当时作为听力学方向的山东省“泰山学者海外特聘专家”，也正在组建该方向的科研团队与研究平台，希望能够更清楚地阐明听力损失的发生机制，开发更好的干预方法，以便最终能为听力残疾人群服务。

为残疾人提供更好的服务成为我和时任学院院长刘志敏的共同理念，并达成了许多共识。在学校的大力支持下，我们当年成功申办并设立了听力与言语康复学专业，于 2013 年顺利招收了第一批本科生。我校成为全国首批开设该专业的高等院校，也是山东省第一个创办该专业的院校。为提高师资水平，专业先后引进美国密苏里大学任晃荪教授、中国听力语言康复研究中心孙喜斌教授等。经过近些年的发展，听力与言语康复学专业目前已成为学校重点特色学科、山东省“一流专业”，共培养研究生、本科生 400 余名，毕业生就业率连续四年高达 98%，分布于全国的残疾人康复中心、特殊教育学校、医院和妇幼保健院等单位，充实了我国听力言语康复人才队伍，为残疾人服务做出了杰出的贡献。

专业成立之初，为了更好地凝心聚力促发展，在学校的统一部署下，由我负责的泰山学者科研平台和团队也划归至特殊教育学院。同时，为了进一步加强学科建设，凝练科研方向，提高科研水平，成立了听力与言语康复研究院。近些年，团队成员专心教学、潜心科研，在听力言语方向共承担国家自然科学基金项目 8 项和省部级项目 15 项，总经费达千万元。另外，主动开展对外交流与合作，多次召开听力与言语康复学专题泰山学者论坛，扩大了专业的影响力，提升了在行业的知名度。

随着视障生的招生、听力与言语康复学和特殊教育专业的设立，特殊教育学院基本建立了“高质量残疾人与高层次残疾人服务专业人才培养”发展格局，而针对本科人才培养需要的配套设施的完善却一直是亟待解决的首要任务。2012 年，国家开展特教二期建设项目，我积极参与了学校特教园区建设的申报工作。值得庆幸的是，2013 年 5 月国家发展改革委下达了中央预算内投资计划，滨州医学院特殊教育园区建设项目获批准立项。其主要建设项目包括特殊教育综合楼、特教学生餐厅、特殊学生宿舍楼，等等，可容纳特殊教育类学生 1 500 人学习、生活。该项目的立项为培育代表国家高等特殊教育水平品牌提供了条件保障，为促进学科交叉融合、推动知识创新提供了支撑，为服务区域和全国残疾人康复需求提供了专业平台，对于改善我校特殊教育条件，推进残疾人高等教育健康持续发展，进一步完善山东省残疾人高等教育教育体系具有重要意义。

2018 年，特教学院曹同涛院长又开创性地开始招收听障大学生，学习口腔医学技术专业，而随着国家级特殊教育示范园区的建成并投入使用，也代表着我校的残疾人高等教育进入了更高水平。在平等参与、融合共享理念下，特教园区各类场所与平台均设有无障碍通道，信息与交流的无障碍环境设施完善，保障学生顺利完成学业。

作为当年的滨医人，现在的特教人，我为当年滨医人开创残疾人高等教育的壮举感到骄傲，更为当今特教人推动发展残疾人高等教育的努力而自豪。相信在所有爱心人士的共同努力下，滨医残疾人高等教育会越办越好！

寻获生命的道路

——与特殊教育的相知相遇

滨州医学院特聘教授　凤华

人类与其他有机体的最大差异，在于终其一生都在追寻属于自己生命的道路，而生命道路的彰显，其实就是找到自己生命的价值与意义。人类服务的科系，特别是特殊教育，正是彰显生命价值与意义的殿堂之一。回顾过往，原来生命道路业已铺成，上天是透过各种人、事、物加以指引，协助每个有心人走出独特的生命道路。

与特殊教育的相遇，是偶然，也是必然。蓦然回首，正是响应了内心深处的呼唤。本人大学期间本科专业是教育心理，毕业后，经过三年教育现场的实战洗礼后，深刻感受到"用而后知不足"，因此毅然决定赴美学习。原本怀着学习热忱的我，才刚踏上俄亥俄州的土地，就受到一个猛烈的冲击。第一次和授业导师的会面，由于其浓厚的口音使得原本语言不够流利的我更加深了身处异地的隔阂，也促使我重新思考未来的生涯道路！经过仔细地查阅教育相关课程信息后，随即和该系所的主任进行会面沟通，当下立即决定转换跑道，而这个转换，正是决定了我的生涯发展的关键。是的，乌云的周遭却可能是光圈环绕，就看我们是否能看到那光圈。感谢该系所主任（Dr. Cartledge）的理解与支持，而她也正是引领我进入特殊教育-情绪与行为问题学生教育的指导教授。她的一路支持与肯定，奠定我日后的研究方向与关注重点——障碍者之社会情绪发展与教育、社交技巧训练及心智理论发展及训练等。

在俄亥俄州立大学就读特殊教育之硕士、博士期间，另外三位影响我至深的良师，正是撰写《应用行为分析》这本经典教科书的作者（Dr. Cooper, Dr. Heron and Dr. Heward）。三位老师所给予的，不仅是知识上的传递，让我能真正领略应用行为分析的精髓，也是精神上的教导，从其身教中看到应用行为分析对人的关怀面。科学是始于人性的需求，善用科学则是一门艺术，而科学的最终目的则是促进人类生活质量的提升。真正的科学人是兼具人文素养及对人的尊重的。目前教育趋势所强调的“成就每个孩子的梦想”，其核心理念就是要采用实证本位的教学策略，从每个孩子的独特性出发，看到未来的希望，成就每位孩子的梦想。

从事教育工作，起初可能会认为是自身的付出与给予，实然，给予的同时，对方的响应是更重要的资产，亦会从中获取更多的能量，甚至远远超乎自己的付出，而彼此能量的交流则可以扩充并更加强大。本人与自闭症患者的结缘与相遇，正可以验证这样的道理。与自闭症患者的缘分，可以回溯到本人于大学学习期间，因课程的需要到台湾大学儿童心理卫生中心参观，当时该中心是以服务学前自闭症儿童为主，教育介入是以“行为介入”为基础。更重要的是，该中心依据主责医师宋维村教授的全方位服务理念，以发展的理念结合实用、生活化及互动性来安排治疗课程，至今都还印象深刻，也十分敬佩宋医师早在20世纪80年代，就能洞察先机，强调功能与实用取向的教学理念。当然，我更为敬佩宋医师对这群特殊孩子的全心奉献，回溯之际，都还能深切感受那份悸动。大三时，吴武典教授担任本班的导师，当时吴老师兼任台师大特教中心主任，因着吴老师的热情引领，安排一系列参观访问的班级活动，不但丰富了视野，也开始对特殊儿童有所认识与接触，其间也受吴老师的严谨治学态度、深度关怀生命的热情所感动，对特殊儿童的希望种子也逐步开始萌发。

赴美毕业后，有幸进入彰化师大任职至今，刚开始的研究主题是以过动症之辅导与介入为主，而真正与自闭症儿童有所接触，是始于20世纪90年代获科技部补助研究案。其主题正是以自闭症者的心智理论发展之探究与教学介入为主，期间也开始接触自闭症家长协会并协助家长处理自闭症儿童行为议题。也于该期间带领数组大学生进行研究计划，主题皆环绕于对自闭症学生的教学辅导之成效探究，对自闭症者的特殊发展与特殊需求有了更深的领悟。后续我转任至复健咨商研究所后，研究主轴持续关注自闭症者的社会情绪、社交沟通与互动并延展至成人阶段的生涯发展与职业训练等课题。2000年因缘际会受邀到加州州立大学沙加缅度分校访学一年，访学期间得到去 ABC，Inc.（Applied Behavior Consultant，

Inc）——一间全自闭症日间学校参观的机会，并进行个人的学习及研究，使我对实务教学有了崭新的体会，于访学期间完成自闭症儿童情绪教学的初步研究成果，该成果是本人后续推动自闭症社会情绪发展与教学相关研究的重要基石。访学结束返台后，随即接受自闭症总会的邀请，与实务界老师开始推动以应用行为分析为主的自闭症者有效教学“种子教师”之研习活动，亦同时整理相关文献并开始推动实证本位的教学理念。于“种子教师”培训期间，熟识了许多自闭症孩子的家长，而本人能有幸分享他们与自闭症孩子的奋斗与努力，点滴在心头，也正验证给予的同时，其实受惠更多，其能量也更加扩展，当然，也更加确认为这群孩子努力的方向。

因某基金会的慷慨捐款及国立彰化师范大学校方的支持，本人与复健咨商所于 2010 年成立以应用行为分析为取向的行为辅导研究发展中心。除了提供特殊需求的儿童行为介入及教学服务外，该中心并依实证方式累积数据，既获得了持续验证教学成效，又逐步发展出各种系统化的教学程序。2012 年之后，因法规的制定与通过，本人依法开始接受彰化县府的补助，使行为辅导/介入之服务得以持续，亦充分展现高校对社会责任的实践。自闭症患者因其特殊需求及经常伴随情绪行为问题，常是学校或社福机构面临的重点挑战，因而本中心所服务的对象多数是自闭症患者。这也促使研发主轴亦是以自闭症患者的主要需求为主，期间除了持续本人自身的研究课题外，亦指导研究生进行系列研究。系列主题多元，首先建立的主轴研究成果为“社会情绪之教学与辅导”，如分享式注意力之教学、眼神注视、三角表征能力的建立、情绪教学（包含情绪辨识、表达、调控及问题解决）、情绪管理、社会技巧教学、主题式对话训练，等等；第二项主要的研究贡献是以突破性的方式完成“象征游戏教学之教学程序”，除了累积系列实证成果外，该研究充分结合认知发展领域，为研究课题注入新的可能，也针对特殊儿童在发展过程中未能自然发展出的重要里程碑提供介入方式之实证成果；第三项研究成果重要的突破则是编制心智理论测验及意图理解测验，并结合行为法则发展实证本位的教学，为自闭症患者的教学实务建立本土化的实证研究成果，也为后续由本人所出版的《自闭症儿童社会情绪教育实务工作手册》以及《自闭症儿童发展本位行为评量系统》提供实证基础。这些成果的展现，是众人努力的成果，也是这些特殊儿童所给予的回应，这正是彼此交互能量的展现。

与大陆的合作，最早的机缘是受邀于重庆师范大学徐胜教授的盛情，从 2011 年起，开始了两岸之间的交流与合作。期间本人则是无私分享国立彰化师范大学行为辅导中心的实证教学程序与评量系统，并协助重师大建立自闭症儿童中心，也于合作期间开办数场次国际研讨会及工作坊，对专业人员及第一线教育人员提供实证为主的教学及行为介入模式。该中心亦已取得中精协的认可并获得相关的补助，也感谢徐胜老师的协助，使得本人于台湾地区的相关著作也能在大陆地区出版发行。于 2017 年起，因与毕业于重庆师范大学的滨州医学院特教系于晓晖老师的联系，开始与滨州医学院有了合作。除了受聘为滨州医学院特聘教授外，陆续开展了系列的研究计划、培训及研讨会议。滨州医学院特殊教育系的老师们都相当年轻且充满热情，在曹同涛院长的领导下，也开始系列的更新计划，为促进两岸交流，举办了两岸特殊教育课程展趋势的研讨会，会中邀请台湾地区特教之父吴武典教授及其他重要学者，并集结大陆各省的高教主管精英齐聚一堂，为特教的后续课程发展与规划提供交流平台，并注入新的气象。

投入特殊教育领域，除了是自身的意愿追寻的道路，也是机缘，更受惠于无数的贵人，是师、是友、是家人、是特殊儿童，更是特殊儿童的家长。从中也学会：在不足中，看到力量；在失去中，看到珍惜与舍得；在受苦中，看到平安与喜乐；因着力量、舍得、平安与喜乐，找到爱的真谛与心中的信仰。教育是百年大计，十年树木，百年数人，实践的同时也充分展现生命的价值与意义。期待有缘人，能共结此善缘，为教育大计共同携手努力，为特殊教育的学生创造更好的未来，也为自己的生命的价值与意义找到初衷。

故人往事旧曾谙

——我与特教的人和事

公共卫生与管理学院　曹高芳

时光如梭，转眼间我校特殊教育事业已走过36个年头。三十余载风雨兼程，三十余载梦想花开。一时间，特教的人、特教的事历历在目，忍不住梳理曾经的过往，加工成文。

一、忆得往昔岁月，开创先河，桃李满径芳

席慕蓉说：“记忆是相会的一种形式。”我与“特教人”相会的形式，就有着让我难忘的叠合。1985年，滨州医学院敢为人先，创办了全国第一个专门招收残疾青年的大学本科专业——医学二系，开创了我国残疾人高等教育的先河。因身体原因而被拒之高校门外的有志青年，从此拥有了接受高等教育的宝贵机会。

1986年，我毕业分配到滨州医学院工作。同年9月13日，作为一名普通职工，我有幸参加了学校当时在滨州校区办公楼五楼为医学二系第二届新生举办的开学典礼。中国残疾人福利基金会郭福荣、律曼华专程到校参会，主持典礼的校领导郭玮副院长宣读了被誉为“当代保尔”张海迪的书面贺信。郭福荣的讲话与张海迪的贺信虽不长，但来自全国12个省市的50名新生和全体参会人员均静静聆听，其中有不少学生神情凝重，眼睛里噙满了感动的泪水。看得出，这些“异样”的孩子是在内心深处由衷地感谢党和政府、感谢滨医让他们破天荒地走进了神圣的大学殿堂，感谢给予他们“再生之地”。我也因此特殊的动人场面受到感染，受到震撼！

实践证明，他们没有辜负父母与家人的嘱托，没有辜负社会各界的期待，没有辜负滨医的教育与培养。在这里，我简要谈谈自己认识、了解与熟悉的几名

“特教人”：

——谢丽福，我认识的1985级校友。有一次，我在图书馆偶尔看到《山东画报》刊登的署名（滨州医学院）谢丽福的配图散文《我终于上大学了》，顿时感觉非常亲切，甚至为和这位特殊学子“面熟”（在校园里常见到）感到自豪。当时，这篇占用了两个版面的文章，我一字一句阅读了好几遍，感念丽福同学痛苦而不消沉的执着精神。后来的日子，常常看到他拄着拐杖，从学校最南侧的五层学生宿舍楼出来，沿着那条南北水泥路，艰难地走向教室或食堂，我也只是爱怜地远远望着而没有言语。一段时间内，我爱人闲暇之余做些服装加工之类的活。碰巧有一回，丽福拿着自己破旧的衣服让我爱人修补，修完后，他要支付所谓的费用，我轻轻地把他从衣服兜里慢慢掏出来的一元钱挡了回去。并告其通过《山东画报》了解了他的不寻常经历与事迹，能够为他提供点帮助非常高兴。多少年之后，获知丽福通过数十载的顽强奋斗，成为浙江省乃至全国残联与医学界成就非凡的名人，自己有时还真以以前早就“认识”这位杰出的校友而炫耀。

——韩芳，我了解的1987级校友。记得是1989年春天的一个早晨，我在学校操场看到有个二系的学生独自坐在操场看台的水泥地面上看书，就过去搭讪。我问他是哪里人，大几了。他略有腼腆地回复自己是山西人，正在读大二。当时，我鼓励他一定要好好珍惜来之不易的学习机会，努力成功成才。一天傍晚，我从学校斜穿马路回对面的职工宿舍，这时我看到自己的左侧几米处，韩芳拖着残疾的右腿也在过马路，霎时我想到就是这条历尽波折的残腿让这个苦命的年轻人承受了难以想象的磨难啊！忽然，一辆大卡车由东向西撒着灰尘疾驶而来，出于保护这位特殊学生的本能，我急忙上前几步把他挡在了身后，生怕他被来势汹汹的机动车划倒，稍后我又护送着他一并过了马路。2005年11月，我因打鼾请已在北大人民医院担任呼吸科副主任的韩芳诊治。动身前与其电话联系，没想到他还记得我。在医院期间，得到了他多方面的特别关心与热情照顾。2021年5月，作为我校特聘教授、北京大学博士生导师、中国睡眠研究会副理事长的他当选亚洲睡眠学会主席。这让每一位滨医人无不为之感到骄傲。

——马小松，我熟悉的2004级校友。2012年9月的一天中午，我下班经过学校西门路口红绿灯时，发现有位男士站在路边和停车的司机闲聊，正想提醒他这样说话影响车辆通行且非常危险，仔细一看，这不是马小松吗，他怎么在这儿？原来，这位当年的班长、系学生会主席，大学毕业后去了某三甲医院，今年又考回母校攻读硕士。当年他身有残疾却对生活充满热情、自强不息，被称为“马阳光”。他把任何同学的困难都当作自己的事去处理，“有困难就找马小松”，被称为“马叔叔”；他作为主要学生干部，充分发挥了纽带之作用，成为老师的左膀右臂，被称为“马主任”；他把“仁者、智者、勇者”作为人格理想，用坚韧的行动铸就自强者品格，曾被评为山东省优秀学生干部、山东省自强模范，两次荣获“中国大学生自强之星”提名奖。不过读研后不到一年，他义无反顾地退学参加了公务员考试，从150余人中脱颖而出，入职安徽省残疾人联合会。

——还有一名同学，虽非特教学院之成员，但属于“特教人”，是我知根知底的学生。19年前，她以优异的成绩考入我校信息管理与信息系统专业，是班里唯一的残疾生。她来自农村，但学习刻苦、成绩优秀，是全班两个第一批通过大学英语六级的同学之一。可是，碍于自己身体的特殊性，她虽渴望大学毕业后能够继续深造，但自己感觉即便考研分数再高也不会有人愿意接纳她。鉴于此，当时作为专业负责人与授课教师的我，经过周密思考与认真分析，引导与鼓励她给一位我非常熟悉的华中科技大学某情报学硕士生导师多次发出书面信，介绍自己幼年时的遭遇，汇报考入大学以来的思想、学习与生活情况。经过700多个日日夜夜的反复沟通与交流，当该生适时表达出自己强烈的求学愿望及顾虑时，这位已经和学生产生感情、产生了共鸣的残疾人专家后来回忆说，她当时流着眼泪痛快地回复：“只要你分数合格，我一定要你！”不久，该生顺利成为这位研究生导师的“特殊”弟子。研究生毕业后，她运用自己所学的知识、凭借自己的聪明才智自主创业，闯出了一番天地。

二、依稀往事如梦，休戚与共，砥砺再奋进

汪国真在诗歌中说：“既然目标是地平线，留给世界的只能是背影。我不去想未来是平坦还是泥泞，只要热爱生命，一切，都在意料之中。”是的，我们每个人都尊重生命，并赋予我们自己所认为的极致的热爱。在我校，以残疾人高等教育

为特色，逐步形成了我们独特的仁爱文化，并引领滨医人关心关注与支持，我自然也不例外。

2006年以来，我一直担任本科毕业论文的指导教师，后来又担任硕士生、博士生导师。对于毕业论文的选题，除了符合人才培养方案的要求、体现专业特点外，我还注意引导学生结合我校的特色与优势进行选题。基于此，我先后指导学生选择与撰写了《残疾人公共法律服务现状与策略》《残疾人权益保障研究》《地方高校特色办学研究》等服务于残疾人、体现我校残疾人教育特色的毕业论文。以上论文均被评为校级优秀毕业论文，而且相关内容发表于国内学术期刊上。这在一定程度上从不同的角度助力我校特教工作的研究，助力提升我校特教事业的美誉度。

以文字、图表、声像等不同形式记录和承载高校历史的档案，是一所高校鲜活生命的血和肉，在各校及所属学院的建设与发展中具有不可替代的地位与作用。我校公共卫生与管理学院自2002年创办第一个专业至今，一直高度重视档案建设，如记载学院学科专业建设、人才培养等内容的各年度纪事一直得以及时整理，保存完整。为此，借与特教学院原院长刘志敏散步的机会，我曾向其建议把该学院亮点纷呈的各项工作以纪事的形式一一整理出来，以此作为记录学院发展与显示学校相关工作乃至国内残疾人事业发展状况的重要支撑材料。他当即点赞接受，回到学院后就作了布置。据了解，自我校招收首届残障学生至今，每年均系统记录了围绕特教工作举办的专项活动、取得的重要成果、发生的人员变动、学生获得的各种荣誉等具有较大影响力的方方面面。时间越久，必将愈加显示出其重要的史料价值。

四年前的3月20日至23日，全球第12届生命伦理学、医学伦理学和卫生法学学术会议在位于地中海东部、欧洲与亚洲交界处的岛国塞浦路斯共和国举行。我作为人文与社会科学学院院长应邀代表学校在大会上做了主旨发言。参会前几个月，我反复思考应该围绕大会主题设计一个什么样的发言题目，认为在国际学术会议上宣传我校在生命伦理、卫生法学方面的成就，必须有个依托的特色作为交叉性支撑。想来想去，落脚点集中到了我校的特殊教育，最终确定题目为《彰显生命伦理与法治精神适应满足特殊教育需求》，得到了学校领导的赞同与支持。

后来确定我和特教学院院长曹同涛及相关教师一并参会，那天我的发言结束后，随之引起了与会外国专家的注意与兴趣。他们指出，残疾人教育是全世界公认的崇高事业，闻所未闻的滨州医学院了不起，开创中国残疾人高等医学教育先河的历史性贡献充分彰显了神圣的生命伦理与法治精神。

可是，由于社会上对我校特教学院的各专业不够了解，导致考生填报高考志愿时产生歧义。不久前，有位烟台的朋友打来电话，称他身体健全的女儿渴望填报滨医的“特殊教育专业”，但听说这个专业只招收残障学生，怎么办呢？我连忙回复他，该专业设在特殊教育学院，但生源为正常考生而非残疾考生。他听后高兴地说：“那我和孩子就放心了！”后来，该生如愿以偿地被我校特殊教育专业录取。

近日，一条特别的新闻在全国各地产生了轰动，更让滨医师生及海内外校友欢欣鼓舞，第六次全国残疾人事业工作会议在京召开，会议对“全国残疾人工作先进个人”进行了表彰，本文前面谈到的谢丽福、马小松两位滨州医学院优秀校友名列其中。两名校友同时受到国务院表彰，这在我校办学历史上应该是第一次，在国内任何一所高校也是不多见的，它是我校人才培养高质量与特殊教育工作闪光成就的一个缩影！

30 多年来，我校与特教学院一直致力于推动残疾人融合教育，建成“国家级特殊教育示范园区”，探索形成了“残健融合、教康结合、学用合一”的残疾人人才培养的滨州医学院模式。肢残人大学生已经破除了专业限制，融合到学校各个专业，残疾人教育主要面向的障碍人群为肢体残疾、视力残疾和听力残疾。2012 年、2018 年学校分别招收中医学本科专业（视障生）、口腔医学技术本科专业（听障生），填补了全国医学院校开展本科层次视障生、听障生教育的空白。2013 年开办面向普通学生的听力与言语康复学、特殊教育本科专业。据了解，我校目前已累计为社会培养了 1 294 名合格的残疾人医学人才。

岁月向前，再回首，依稀若现，又奔流不复还。一晃 30 余年，时光从指尖流走，紫李飘香，滨医特教硕果累累，芬芳怡然。伫立逛荡河畔，看河流汇聚大海，蓦然豪气陡生心头，愿我校特教事业纳百川之博广、汲山海之灵韵，而今从头再越，披荆斩棘，再谱仁爱华章！

海上明月共潮生

——滨州医学院特殊教育事业之见证

滨州医学院财务处　杨玉涛

1985 年，滨州医学院创办了我国第一个专门招收残疾青年的大学本科专业——医学二系，开创了我国残疾人高等教育的先河。滨州医学院的特殊教育事业从无到有，从初创到蓬勃，从微小到壮阔，转瞬间已经走过 36 年的发展历程。作为一名滨医人，作为这一波澜壮阔的伟大事业的见证者，一路同行而来，我有三则亲历的故事分享给大家。

一、开创残疾人高等教育先河，广受社会赞誉

1989 年，我受学校派遣前往安徽省马鞍山市，为初具规模的医学二系招收学生。当年招生工作安排在马鞍山市一家宾馆，条件平实而简单，可当我在报到处拿出滨州医学院的介绍信时，却受到最热情而特殊的礼遇——工作人员一看过介绍信，立马站起来跟我热情握手，略显激动地说道："您是滨州医学院的！你们学校是做善事的，欢迎您！"然后他兴奋地对后面工作人员招手喊道："滨州医学院的老师来了！滨州医学院的老师来了！"当时现场的工作人员都放下手中的工作，站起身来鼓掌欢迎，掌声中包含着殷切的期待、真挚的赞许，至今仍在我记忆中久久不息。当年我们在安徽省的二系招生工作，就在这样的氛围里开始，后续在招生工作中与残障学生的直接交流，更是让我深感触动。

当年招生的面试环节在宾馆的传达室进行，每个学生由省招办和生源地招办带领，逐一进入考场参加面试。在面对面的交流中，学生们的学识素养给我留下了深刻印象，除此之外，在他们身上镌刻着的自强不息的信念、眼睛中迸发出的

身残志坚的勇气，更是让人为之震动。然而随着交流的深入，我逐渐察觉，我们的到来对他们而言，也是莫名震动，学生们的激动与兴奋溢于言表。更有一位学生甫一进门，就扔掉双拐“扑通”跪在地上，我们连忙扶他起来，但见他良久难以成言。面试结束后，当地招办的同志告诉我，刚才下跪的学生已经是第三年参加高考，前两年都过了分数线，报考其他学校都未获得录取，今年多方打听到滨医招收残障学生，便毅然决然地报考了滨医。我对这位学生志坚行苦、百折不挠的意志品质十分钦佩，同时，也为滨州医学院能够给这样的学生们提供美梦成真、壮志得酬的机会而感到由衷的荣幸和自豪。

当年的招生面试工作在当地教育系统的全力支持、当地学生及家长的积极配合下顺利推进，面试结束走出大门时，我们惊讶地发现学生和家长都没有离开，纷纷向我们挥手致意。后续招录环节也是一路绿灯，当地工作人员对我们总是关照有加，鼎力支持。每每回想起这次招生的经历，想起安徽省教育系统的同仁们的赞许和支持，尤其是想起学生和家长们满溢着期待和感激的眼神，我都能感觉到滨州医学院特殊教育事业扶倾济危、玉成其美，是何等驰誉天下，山高水长。

二、秉承残健融合培育理念，和谐校园生活

滨州医学院在严谨求实之余，也有着活跃开放的一面，自 20 世纪 80 年代以来，学校每年都会举行迎新晚会、元旦晚会等文艺活动。而自从 1985 年二系成立后，每年每度文艺活动中，总会有这些特殊学生们乐观积极的活跃身影。他们在文艺舞台上大放异彩的样子，打破了人们的刻板印象。舞蹈、乐器、合唱、独唱，二系学生们各有所长，大方展示，在舞台上尽情挥舞、奔放歌唱，让联欢的气氛为他们一次又一次地热烈高涨。当年不仅是本校的师生，有一年学校邀请了滨州棉纺厂的团员姐妹来学校联欢，她们也对二系学生的表演赞叹不已！姑娘们与二系学生们热情相识，联欢结束后也建立友谊，经常相互鼓励，相互交流。在当时社会状态下，残疾人还是经常受到社会歧视的弱势群体，但二系特殊的学生们在滨医活跃包容的文化氛围中，在滨医“残健融合、教康结合”的培育理念下，渐渐完全地融入到校园生活与社会生活中。无论是在教室里研讨交流还是在操场上

拼搏竞争，无论是在舞台上挥洒自我还是在生活里交友恋爱，二系的学生们既特殊又普通，他们在滨医这所秉承“残健融合”理念的大学中，与其他师生们一样健康平等、自由、安心地学习和生活。犹记当年，或许只有在滨州医学院的校园中才会有如此靓丽的风景，而今三十余年过去，随着与国家社会文明的共同进步，滨州医学院也一直守护并壮大着这幅和谐画卷，为之增光添彩、保驾护航。

三、领受政府社会关怀，重点倾斜发展

随着残疾人保障法颁布实施和社会文明程度不断进步，特殊教育事业迎来了新的发展机遇。在学校党委行政的正确领导下，在一代代特殊教育学院领导、老师们的共同努力下，学校的特殊教育事业也迎来了一个又一个发展高峰。2012 年招收视障学生，2018 年招收听障学生，填补了全国医学院校开展本科层次视障生、听障生教育的空白；建成国家级特殊教育示范园区，致力于打造集教学、科研、康复服务于一体的残疾人教育和康复教育高端平台。山东省残疾人联合会从 2012 年起每年给予 69~150 万元的特殊教育事业拨款，山东省人民政府将支持滨州医学院残疾人教育事业发展列入《山东省特殊教育提升计划（2014—2016）》，山东省财政厅从 2016 年起每年给予 400 万元对特殊教育重点倾斜支持。社会各界也踊跃捐赠，2020 年烟台丰金集团一次捐赠 100 万元支持特殊教育教学科研和学生资助，烟台市慈善总会、山东省普觉公益基金会、香港失明人协进会等爱心企业和个人也纷纷慷慨解囊。

给我印象最深的是山东省财政厅社会保障处的杨士祥处长，当时他刚接任社会保障处处长，去向他汇报工作，谈到学校特殊教育办学情况和面临的高投入资金压力，希望能得到省财政的支持时，他立刻叫来具体负责高校预算的汤清副处长和梁国磊科长了解情况，并明确指出：“滨州医学院的特殊教育事业是利国利民、造福百姓的阳光事业，符合国家健康中国发展理念，咱们应全力支持、积极推进财政支持政策落地，必要时可以召集相关部门到滨州医学院进行现场考察。”在省厅各级领导的关注下，很快有 400 万的支持经费列入 2016 年省级预算。2020 年根据省编办、财政厅、教育厅、省卫健委安排，将原隶属省卫建委的五所医学

院校财政关系划转到省教育厅，省财政厅的主管处室从社会保障处调整到科技教育处，为使现有的特殊教育重点倾斜政策能顺利延续，学校请了协管科教处的财政厅董苏彭二级巡视员和教育厅财务处的齐鲁副处长来学校特殊教育学院考察调研。他们详细考察了特殊教育学院教学、学习条件，并与视障、听障学生进行了交流，对学校在特殊教育方面的建设和发展成就高度赞赏，明确表态后续继续给予大力支持，维持现有扶持政策。这些政策、捐赠的支持极大地促进了学校特殊教育事业的壮大发展。

滨州医学院的特殊教育事业在国内首开先河，如同大海浪潮中一轮初升明月，照亮了残疾人接受高等教育，健全自我，融入社会的大浪潮。滨州医学院的特殊教育事业是真正地为国为民、立德树人，一代一代为这项事业前仆后继的滨医人，是真正的“仁心妙术”的践行者。36 年光阴荏苒，回顾过去，滨州医学院的特殊教育事业已在国家社会的文明进步中留下了浓墨重彩的一笔。前瞻未来，滨州医学院必将为我国的特殊教育和人民健康事业继续砥砺前行，再书华章！

浅谈与85级二系同学的交往感受

滨州医学院　蒋少峰

我是1985年和原医学二系的第一级同学一起入校的，当时学校的官方称呼是“残疾人医学班”，报道之后，也就是1985年的9月12日，我们列队步行去行署礼堂进行开学典礼。因为我们普通班级报到后马上开始军训，他们不用军训，入学后见他们很少，去的时候才发现他们很多人拄着拐，也有同学坐轮椅去，里面还有军人。其中有一位军人走路很僵硬，很特殊，后来才知道那位同学叫罗长斋，双小腿都是义肢，是在前线被炸断了双小腿。

入学以后我们辅导员老师给我们提醒，一再嘱咐我们叫他们“4班同学”，千万不能叫他们“残疾人医学班同学”，坚决不能歧视他们，更不能引起他们的误解，要尊重他们，因为他们上学的机会来之不易。对于他们，那时候上大学的机会来之不易，我对这句话理解不深，但随着时间的推移我了解了他们中的一些同学身体残疾的原因，了解了他们的高考经历（有同学说高考考了七年，前六次都是因为身体原因没被录取），了解了他们经历过的世态炎凉，逐渐多了同情之心，也更愿意接触和帮助他们。

学校在开始的时候派了两位老师来管理和服务他们，分别是赵绪岩老师和黄车白老师，而我们三个班也只有两位辅导员在管理我们。在住宿方面全下铺，买饭开单独窗口（我们其余的在校生只有六个窗口，买饭特别拥挤），吃饭有单独区域（只有他们的饭桌配有凳子），也有南方口味的饭菜，有单独的洗澡空间等方面给他们许多的方便之处。在专业取名上，学校领导也是用心良苦，起了一个中性的名字叫“医学二系”。

后来与来自前线的五位残疾同学接触以后，才知道那一年我们为什么在9月

12号举行开典礼了，是因为等待着他们的入学。他们当中有经历过两次对越自卫反击战的战士，其中两位参加了英雄报告团，还给我们做了报告，大家反响十分强烈，激起了大家强烈的爱国情怀。

随着时间的流逝，我慢慢增进了对他们的了解，如孟凡钊这个坐在轮椅上的同学，他刻苦学习的精神成了我们学习的典范。他们带给普通同学的鼓舞是巨大的，他们身残志坚，永不言弃的精神，慢慢地融入了我们的滨医精神之中，为我们的滨医精神注入了新的内涵。

针对他们的特点，学校单独给他们制定了教育教学和康复之类的计划，最好的老师先给他们上课（他们的课一般都是教研室的主任讲授）。学校建立了功能康复室，买了大量的康复器材，后来又单独建了宿舍楼，单独的浴室（保护他们的隐私）。当时我们普通同学洗澡非常困难，学校只有一个小的公共浴室，要想每天洗上澡，必须去医院小澡堂或者去北纺。

对于他们的康复治疗，毛宾尧教授起到了至关重要的作用，1986年毛宾尧教授还是讲师的时候就成为中国残疾人福利基金会康复协会第一届理事会理事；1987年，副主任医师的毛宾尧牵头成立了骨病与康复研究室。毛教授有针对性地体检，从他们当中筛选一部分可以手术同学免费去做康复手术。我的4班同学王立军来时走路拄双拐，后来经过毛教授的手术和康复，以及他自己的艰苦锻炼，先行自行行走，再学打乒乓球，后来很少有身体健全的同学打乒乓球能打得过他。另一位女同学，经过手术和康复，完成了自己骑自行车的梦想。

这些同学不仅能上大学学习知识，分配工作（有许多同学是在当地民政部门和残联的帮助下进入了医院和其他机构），同时，他们也康复了肢体，健全了心智（我们学校的第一个心理质询机构就是为他们开的，因为她们中许多同学来的时候比较自闭，后来他们的辅导员黄车白老师也成了专职心理学教师），并在自己的领域大放光彩，如曾吾德同学是我校单独建校以来第一个“全国五一劳动奖章”获得者，谢丽福、席思川等也都在自己的工作和科研上取得了骄人的成就。

第一级二系的同学不仅学习好，也都多才多艺。第一届“蒲公英杯”校园歌手大奖赛中，张树军是冠军，李庆好像是亚军。他们乒乓球、羽毛球都打得很好。足球他们也能组队，他们当时上场的队伍中有七位一只眼的同学，其余的同学有不同的肢体残疾，但是他们踢得很顽强，其中王晓胜同学的控球极好。军人陈启中的短跑，羽毛球水平都是极高的。

我 1990 年毕业以后留校任辅导员，那时候招生是集中大约一个月的时间，当年就跟随学校招生队伍去现场招生，当时是在淄博鲁中宾馆，我陪着当时的教务处副处长周耀中老师给这部分残疾考生面试和体检。许多考生在我们告知他们体检合格后等待录取通知书的时候，他们的反应多是反复地核实，特别是那些参加过多次高考被别的学校以身体原因拒绝录取的考生。这时他们个人很多是无声地流泪，但许多陪同他们去的家长则是号啕大哭，那种喜悲交加的心情，让我到现在回忆起来都无以言表。有的考生家长甚至可以当众跪下感谢，他们的这种情感流露深深感染了我们学校这些招生人员和其他高校围观的招生人员，我们也总是忍不住流下了同情和喜悦的眼泪。

当时的招生封闭是由军校的士官生执勤保持封闭的，参加招生的人员没有省招考办的批准是不准出入的，因为我经常拿着批准条反复出来迎接这部分来面试的考生，因此那些执勤的军校士官生默认我可以无批准条出入。我想这些官兵绝大程度上是为了我们能够顺利招收这些学生而显露出的同情和慈爱之心。因为我们当时有特许的体检标准，能录取这些学生，其他高校的招生人员说我们做了一件功德无量的大好事。后来高考招生的体检标准也由我们学校起草修订这部分条例，对这一点修改了很多，经国家招生机构批准，才有了后来残障大学生学多个专业的可能。早期只有我们一家招收残障大学生的事情也宣传了我们学校，国内外的媒体做了大量的报道，我们也获得了多项奖项和荣誉。

当时我喜欢锻炼，就和二系的同学共建了一个健身房，我又和他们住在一栋楼上，对他们有了更深入的了解，也和他们建立了深厚的感情，他们 50 多个同学我绝大多数都能叫上名字，有些到现在还一直保持着联系。我们毕业 10 周年和 20 周年的时候，我组织的毕业纪念聚会都有 4 班的同学来参加，他们来的同学每位我都能认出并叫对名字。

1994 年以后我到教务处工作，不久又具体分管招生工作，迎来了一批又一批的“二系人”，也送走了一批批的“二系人”。同时又陪同赵绪岩处长给他们进行考研指导，力争把他们送到更高层次的学校，鼓励他们到更高层次的学校和机构学习深造。他们拼搏向上的精神，他们的韧劲，一直是支持我努力工作的精神力量之一。

虽然随着其他高校都招收残障学生的情况出现，二系的招生量越来越少，二系的发展一度到了低潮期，以至到后来最少的时候一年只有七八个学生，但是二系的精神一直都在。我认为二系的精神和社会效益一定远远大于它的经济效益，这是我们国家社会文明进步的一个重要标志。后来经过领导和特殊教育学院工作人员的艰苦努力，又开办了许许多多的新专业，现在已经处于蓬勃发展的阶段，我希望特殊教育发展得越来越好，当然我更希望我们国家随着生活、医疗和保健水平的提高而减少残疾人的出现。

谈到这里，使我想起了许许多多的二系同学：乐观的钱义、王晓胜和黄鉴臣，严谨的谢丽福，伟岸帅气的王金岸，内心细腻的孟凡钊，耐心服务的班长李纯平、书记席思川。还有五位解放军同学钟培路、方顺寿、陈启中、丁晋余、罗长斋。

三十多年来，不管如何，我祝愿 4 班的同学永远幸福快乐！是你们的精神一直鼓励着我，无论在哪个岗位上工作，我都尽心尽力，永远前行。

成长的轨迹

——残障大学生成长两三事

滨州医学院发展规划处　王友磊

残疾人是社会大家庭平等成员，残障大学生是校园里一个特殊的群体。让残障学生通过教育回归社会主流，成为社会主义建设的奉献者，是非常有意义的一项工作。15 年来，走进残疾人、融入残疾人、培育残疾人、成就残疾人，见证了残障大学生成才，也让我在工作上更加成熟，更加热爱这份事业。

一、走近——架设沟通的桥梁

也许是和特教有缘分，从我参加工作开始，就从事与残障大学生这个群体相关的工作。2007 年我毕业参加工作，在参加滨州医学院辅导员面试的时候，面试的领导问我为什么要到滨州医学院工作，我就讲到滨州医学院专门培养残障大学生的院系，这是一个宽容、仁爱，特别有教育情怀的大学，这是吸引我到学校做辅导员的一个重要原因。虽然当时没有进入特教学院，但分配工作的时候，安排我作为 2007 级临床专科 1~5 班的辅导员，这五个班里每个班都有 1~2 名残障大学生（当时的特教学院只有临床医学本科学生，没有专科班，所以这些学生就被学校分配到我所在的班级和普通学生在一起）。虽然对接触残障大学生群体有心理准备，但是即将作为学生辅导员，第一次与残疾人密切接触，更多的是小心。在新生见面班会上，我虽然没有刻意讲到班里有残障学生，但是我还是特地观察了一下他们，现在也仍然记得顾红星在健全学生中间，显示在脸上的明显迷茫和内心的无助。工作中，我对每一件事都特别小心，生怕在工作当中或者某个细节当中，给他们增加不必要的心理负担，触痛他们敏感的心灵。

为了做好这几位残障大学生的工作，我专门向当时特教学院办公室的孙玉萍老师讨教了残障学生教育管理经验。她告诉我做残障学生的工作要循序渐进，通过日常一次一次的接触和了解，才能够真正走进这个群体。后来证明也确实如此，由于这几个学生住宿、上课、奖学金的评选等一些事情，需要和特教学院的老师和学生打交道，接触了越来越多的残障大学生，认识了王建华、马小松等一大批自信阳光、能力出众的大学生并渐渐走进了残障大学生这个圈子，成为残障大学生信赖的老师和朋友。2010 年，烟台市第三届残疾人运动会在鲁东大学开幕，因为前期做的残障大学生工作受到了同学们认同，受孙玉萍老师的邀请，我们一起协助残障学生参加了训练、比赛，活动过程中，一起体会残障大学生这个群体的喜怒哀乐，最终在运动会上取得了很好的成绩。在这个过程当中，我和这帮残障学生有了更深入的接触，让我重新认识了残障大学生这个群体，他们缺少的不是同情，更多的是心与心的贴近和深入的了解。

二、融入——营造平等的环境

2010 年下半年，根据工作安排和对残障大学生教育管理的经验和信心，我申请到特教学院工作，接替孙玉萍老师担任办公室副主任、团总支副书记、学工办副主任，还兼着辅导员的工作，被同事们戏称“三办主任”。对于我来说，这个岗位既熟悉又陌生，熟悉的是之前和这个群体已经有了三年的接触，陌生的是这个全新的岗位，要为一群特殊的大学生在校五年期间的成长做好帮助和支持，尤其是作为辅导员，对于学生成长至关重要，这对我来说是一个全新的考验和挑战。

纸上得来终觉浅，绝知此事要躬行。进一步的工作让我更加深入地了解了这个群体，也逐渐掌握了残障大学生成长的规律。在特教学院领到的第一个重要任务就是接 2010 级新生，当我收到教务处发的特教学院新生名单，总共三个新生，要什么样的方式接新生？要怎么接？最后，在学院领导鼓励下，我还是和其他学院一样，大张旗鼓地布置接新生工作。特教学院当年烟台在校学生总共不过 20 多人，有三分之一的同学是用轮椅出行的，一半以上同学搬运物品不方便，如何分配工作任务可难坏了我。后来心念一转，为何不给残障大学生一个机会，考察一下残障学生的能力。于是我找来了学生会和班级负责的同学，给每个人一项任务，让同学们出主意、想办法。安排工作的过程中，让我很意外的是，没有一个残障学生因为自己身体原因推脱任务，反而对要干的工作都表现得很兴奋。很快把如何扎遮阳棚、布置桌椅板凳、帮助残障学生运行李等工作安排得妥妥当当。迎接新生过程中，我看到高年级的同学干工作非常起劲，圆满完成了接新生的工作。迎新工作成功，让我感觉摸到了残障大学生管理工作的门道。残障大学生最怕的是把自己当成特殊群体，与健全学生区别开。管理过程中，因为部分老师顾及残障学生身体不便，往往会特别小心，这反而让师生之间贴上了“我们不一样”的标签，产生了交流的鸿沟。

这一阶段工作给我的启示是平等是做残障大学生工作的基本理念，做到平等就是要把自己内心对残疾的偏见消除，当你和残障学生一样不再把残疾看作沟通的第一标签的时候，才是真正做到了平等，而不是嘴上的平等。

三、培育——实现成长的蜕变

在大学校园里，每一个能够考上本科的残障学生在智力和心理上都是异于常人的。弥补缺陷，发挥长处，进行个性化培育是实现残障大学生成长成才的关键。

让残障学生站起来，看到不一样的风景。一般来说残障大学生生理上的缺陷已经没有完全恢复的可能，但是借助于手术矫形、器具支持、康复训练能够尽可能地让学生在形象上得到最大的改善，打牢残障学生提升自信心的生理基础。2010年对于特殊教育学院来说是特殊的一年，也是非常艰难的一年。当年六个新生中，冯其花、龚涛、郭孔判等三名学生，由于小儿麻痹症双下肢无力，入校的时候完全是“爬着”进校的。当我看到冯其花、龚涛、郭孔盼这样的学生“蹲”在地上和我谈话的时候，他们“卑微的仰视”深深地刺痛了我，第一次深切感受到残疾给一个人的自尊与自信带来的打击是多么残酷。这也让我感到有责任让这些孩子在特教学院健康成长、顺利成才。我首先想到了应该让他们先站起来。按照学校教育康复相结合的做法，我咨询了假肢公司，咨询了学院代教的老师，咨询了实习实训的学生。后来我又陆续了解到，如果不能站起来、不能熟练使用拐杖，将来也会成为他们职业发展的重大障碍，不敢想象有一天一个医生“蹲在地上仰视患者”的画面。综合我了解的情况，在和学院的领导商量后我决定“逼”他们一把。我非常严肃地告诉他们三个，给他们一个学期的时间，学会用拐杖，不然退学。同时，我帮着联系了烟台假肢公司的潘经理，大姐非常热情地帮他们量身定做了肢具，指导孩子们康复训练。

这是一个非常艰苦的过程，因为这几个同学已经残疾了20多年，认知和肌肉生理上都已经形成了记忆，要重新练习走路比新生的婴儿学习走路还要难上百倍。记得这个时期最刻苦的是冯其花同学，他做好肢具以后，每天带上繁重的肢具在学校食堂东面的小台阶上反复地练习，用拐杖上下楼梯，连他自己也记不清摔过多少跟头。还有一个练习非常刻苦的就是龚涛同学，后来成为学校教育康复相结合的一个典型，受到了中央电视台的采访。三个孩子非常争气，也非常努力，都圆满完成了任务，他们自己和家里人都很感激学校的努力，使他真正地摆脱了以前的形象，能够站起来走路。我戏称他们“完成了直立行走”的进化，这是他们重拾尊严和自信的起点。我还找人把他们康复前后和训练过程拍成了一个短片，在学校舞台上让他们三个人和师兄王鹏（博士，南方医科大工作，师从中科院侯凡凡院士）一起唱了一首《站起来》，展示他们康复的成果。后来这三名同学都发展得非常好，冯其花和郭孔判现在都在滨医附院进行规培，龚涛考上了天津医科大学研究生，后来成为台儿庄区人民医院的一名影像科大夫。去年来滨医的时候，还告诉我他的儿子刚刚出生。通过这个事情，我深深感受到特教这份工作的重要意义，它真的是一份改变人的工作。

健全人走近残疾人、了解残疾人同时，残障大学生也要从内心和行动上突破特殊群体这个圈子，实现真正融入和回归。打破圈子的一个突破点在于一个平等对外交流的平台。学生会是一个很好的平台，平时残障大学生在特殊教育学院接触到的都是熟悉的环境、熟悉的人，还是相当于把自己囿于一个小的生活范围，与回归社会的目标差距还很大。因为学生会是代表学院（代表一个群体）的组织，从结构和级别上讲，赋予了它和其他学院平等的地位，可以和其他学院健全学生组织进行平等的交流互动。2010级的杨峰是通过学生会成长起来的一个例子，他入学时由于身体情况相对好一些，仅仅是右下肢有一些运动的障碍。出于让他能帮助更多同学的考虑，我刻意地培养他去做学生干部。平心而论，杨峰除了身体比龚涛他们几个好点之外，没有一点学生干部的特质。把他放到学生会主席这个平台上，他必须从全院的角度为特教争取权利，配合完成上级任务，和其他学院学生会的同学交流。几年下来，他逐渐从刚入学的木讷、不善言辞，成长为代表学院独当一面的学生干部，并且是在学校学生组织中非常受欢迎，在全校学生会学生干部中有一定影响力的优秀学生干部。后来，他又考上了研究生，目前在德州市人民医院工作，成为一名优秀的医生。如果见过他的人，很难想象一个当初那么“闷”的学生，成长到今天的样子。回过头来看，特教学院学生会确实也是培养了一大批人，我熟悉的有王建华、马小松、张艳坤、周东晓、薛丹、赵明、张维贤等，这些学生后来都发展得非常好。

残疾人有独特的生理特点，残疾人文化有独特的魅力。挖掘残疾人文化资源，主动搭建舞台，展现他们独特的能力，增加残障学生对外的曝光度，是增加残疾文化认同，提高学院凝聚力的很好方式。学校每年都组织“大学生文化艺术节”，这是一个面向全校学生的平台，是展示残疾人群体形象最好的舞台。我在前期的调研中，发现双下肢残疾坐轮椅的学生是残障大学生中展示机会最少的一群人，他们是最渴望展现存在价值感的一群人。如何才能帮助他们实现走向舞台，展现自我，收获赞赏，重拾自信？我绞尽脑汁，做了一个别人未曾做过的事情，组织他们开展轮椅舞表演。轮椅舞可以是独舞，也可以是群舞，是促进残健融合的一个很好的方式。我多方打听，了解到烟台市残联组织开展过这个活动，就联系了烟台市残联管体育的赵健主任，千方百计地跟他们借出来轮椅舞需要的专门的运动轮椅，又联系其他学院舞蹈社团的学生，一起排练轮椅舞。从零开始，这个摸索的过程是非常辛苦的，因为前面没有经验可以借鉴，只能自己摸索着一步步来。经过将近半年的训练，节目成型了，在全校的大学生文化艺术节汇报演出中惊艳了全校师生，表演取得了圆满成功。通过这个活动，让这些从来没有登上舞台的残障学生用独一无二的方式，展现了残疾人最美的一面，成为大学生涯中最难忘的记忆。后来，我们还组织过大合唱、小品等一大批展示残疾人美好形象的节目，我还和龚涛在舞台上说过相声。通过舞台展示，不但让残障学生融入校园，走向社会“前台”，也让滨医残疾人文化认同在潜移默化中不断提升。

残疾是人生理的一个过程，每个人在不同的年龄阶段都会出现各种生理上的障碍（残疾）。生理上的缺陷是可以代偿的，需要关注的是心理上障碍的跨越，找对了支持的措施，每个残疾人都不再残疾，都能够找到自身价值，回归社会。千年前，孔子提出了“有教无类、因材施教”的教育思想。在十几年的残障大学生培养过程中，我更加深刻感觉到伟大教育思想依然在残障大学生教育培养中熠熠生辉。

我心中的滨医特殊教育

滨州医学院网络信息中心　韩坤

提起笔，思绪仿佛随时光倒流，在校22年来的学习和工作经历一幕幕浮现在眼前。我1999年考入学校临床医学系，2004年毕业留校工作，作为一名滨医的学子、老师，深切地体会到了学校对残疾人教育事业的热忱与执着。

1999年9月学校新生报到当天，我看到有残障学生办理入学手续，这才知道学校招收残障学生。开学后了解到学校临床医学系一直以来都有残障学生和普通学生一起上课的班级，我们1999级也不例外，9班就是这样，入学时一共有71名同学，其中残障学生44名，当中就有现在学校优秀的校友代表郑厚峰。从1985年学校招收残疾人大学本科生那一刻起，学校“残健融合、教康结合、学用合一”的特殊教育理念始终不曾改变，培养了一批又一批的残障学生，帮助他们恢复健康、融入社会，为国家做出更多贡献。

大学期间令我感触最深的是校园路上，普通学生和残障学生相伴而行；是实验室里，普通学生和残障学生一起讨论、互相配合设计实验；是运动场上，普通学生和残障学生一起挥洒汗水、酣畅淋漓。还记得我大二那年参加学校羽毛球比赛，半决赛是和一名单手残疾的同学对战，经过了紧张和激烈的对决，我才以微弱的优势获胜。赛后那位同学非常友好地和我打招呼向我祝贺胜利，从他身上看不到一点自卑和悲观，言谈举止中充满了自信和阳光，那一刻深深打动了我。学校不只是培养学生掌握精妙的技术和精深的学术，同时也要塑造学生的人格品格。学校精心打造普通学生和残障学生平等学习生活的和谐育人环境，不光从身体上帮助残障学生康复，更从心理上让同学们互相认同，这深度阐释了学校“残健融合”的教育理念。

留校工作后我来到了烟台，不论从硬件建设还是软件环境上都处处彰显着学校的特殊教育理念，无处不体现着对残障学生的关怀。大到楼宇、道路的施工建设，小到学生宿舍、卫生间的扶手安放，细微之处如餐厅的购餐窗口等，都有为残障学生专门的设计和考虑，体现着学校对残障学生的重视，这也正是学校环境育人的重要举措。因为工作原因，我参与了学校2006年的教育部本科教学工作水平评估、2013年教育部临床医学专业认证、2016年教育部本科教学工作审核评估、2020年的教育部临床医学专业认证回访等工作，亲历了教育部专家组进校期间的检查工作。教育部专家对学校特殊教育均给予了高度的评价和赞扬，从1985年学校招收残疾人大学本科生开创我国残疾人高等教育的先河，到2012年招收视障学生、2018年招收听障学生填补全国医学院校开展本科层次视障生、听障生教育的空白，在人才培养和教育教学中生动地诠释了学校对残疾人高等教育的担当和作为。

2016年是让我铭记的一年，我作为招生考务办公室副主任，着手策划组织视障生的招生考试工作，在招生期间，我更是与视障学生结下了不解之缘。学校2012年开始招收视力障碍学生，为他们打开了步入医学殿堂的大门，招生考试工作一直以来都是委托北京联合大学实施，为了进一步扩大学校影响力，让更多视障学子了解滨州医学院，争取优秀的学生来校接受医学教育，学校研究决定从2016年开始自主组织视障学生的招生考试工作。

面对这一特殊而严谨的工作，学校多个部门联动，积极筹备招生考试工作。学校首先想到的就是，如何为来参加考试的学生和家长提供方便，如何按照高考的标准和要求，高效地组织好考试工作，让残疾考生能更加顺利地参加考试。另一个需要面对的，就是命题阅卷等考务工作。我们联系了学校在读的视障本科生参与命题工作，协助对盲文试卷进行校验和试做等工作。短短一周时间，我们一起生活和工作，孩子们活泼开朗的性格，个性幽默的谈吐给我留下了深刻的印象，他们还各个有自己的绝活，其中一名视障同学竟是学校电台的播音主持。通过聊天得知，同学们非常渴望来学校读书，对学校给予广大视障生学医的机会心存感激。其中一位同学参加了两次视障生高考，终于以优异的成绩被学校录取，他描述当时的心情，就像步入星光大道梦想成真。学校坚持残疾人教育36年，从肢体残障学生到视障生、听障生，为了培养更多的残疾有志青年，学校一直在特殊教育的路上砥砺前行。

2020年因工作调整，我来到了学校网络信息中心，启动了学校智慧校园建设工作，发现学校智慧无障碍特殊教育园区已经基本建设完成。不论是在教学楼、宿舍区，还是在广场上，打开手机导航就能精准进行语音引导，视障同学们再也不用担心自己会因为陌生环境而迷路或遇到危险；教室里配备了智慧教学系统，进一步提升了残障学生上课的体验，使之更加有效地进行学习；宿舍里的智慧通信系统，能将信息准确及时传达给视障和听障学生，如有困难，学生也可进行呼叫报警，第一时间通知老师进行救助。在特殊教育的道路上，学校不断在探索前行，利用科技和智慧的力量谱写着残疾人教育的新篇章。

从我第一天踏入学校校园到现在，已有22个年头，亲眼见证了学校的搬迁，机构调整以及几代领导班子的变革，然而学校对残疾人教育的初心始终没有改变。我坚信，学校必将会打造国内一流的残疾人教育和康复教育平台，融合教学、科研、康复服务于一体，为促进国家残疾人高等教育事业发展、推动社会文明进步做出积极贡献。

脚　印

马克思主义学院　张桂芝

当我在电脑上敲出这两个字的时候，脑海里翻腾着一届又一届学生的背影，他们在人生匆匆的五年中留下一道浅浅的脚印。他们中的绝大多数人早已毕业，成为社会各个行业发展的生力军，他们的脚印由家庭走向学校，由学校延伸到社会，最终踏出一条人生的风景。

大学是人生的重要阶段，学生所完成的每场考试，所挑战的每项活动、所做出的每个选择都是在特定时空踩踏出的脚印，通过这些脚印，我们或许能了解他们的人生态度、行事风格和未来的发展方向。我曾有幸成为视障学生的思政课教师，这是一群折翼的天使，相对于他们生活中遇到的种种困难和限制，他们心理上和思想上的复杂波动更值得关注。针对这群特殊的学生，我在葡萄架下、仁心湖畔，以爱心、尊重、平等、包容、开放等方式和他们一起交流、探索、追问浩渺的宇宙之源、繁杂的社会之质、艰难的人生意义。一个学期的交流，我听到他们学习脚步的回音：

“毕业后我想到盲校做一名老师，让更多的盲人学到一技之长。这是我实现人生梦想和价值的事情。我会坚定地走下去，无论遇到什么困难，我要实现它。尽管我是个失去光明的盲人，但我心里有光明，我要把心里的光明传递给更多的失明盲人。”

“一直有一个想法，我要为盲人群体做些什么，为改善弱势群体的现状，奉献自己的一份力量！”

“三观对每个人都很重要。三观不健康，不仅自己受伤，还祸害整个社会！”

“我们生活的社会的确有很多不好的地方，有时让我们困惑迷茫，不过还好，每周都可以倾听您的看法，让我的认识更加理性，看问题的角度更加广阔，思维更加多元。相信中国问题的解决要有一个过程，需要一些时间，对未来我们是充满信心和希望的。”

“每周一次的马克思主义基本原理概论课，让我受益匪浅，我好像更聪明，更能理性地思考问题了！真心感谢这门课，感谢老师给我带来不一样的思想、不一样的心情、不一样的故事。我还太年轻，今后会遇到各种各样的困难，但有老师的指导，我相信我成长的道路会更远、更精彩。”

“不知不觉中，我竟然喜欢上马克思主义基本原理概论课这门非专业课，好像成为我平淡学习生活中的一个小小的期待了。上这门课，我最喜欢的是老师给我们拓展的课外知识和同学们讲述自己的故事。从同学的发言中，让我的思维活跃起来，学会从不同的角度去思考问题。我想成为一名教书育人的小老师，不仅传授知识，同时也把我对生活的乐观和热情传递给他们，在有限的时空里，过无限的日子，让自己和学生成为一个心灵和精神世界里的富有者。”

“老师您教育我们要坚守内心的正能量，并持续地传递给他人。现在我更加坚定这种观念。现在社会上有负能量的人不少，我认为，不管社会怎样，不管别人怎样消极，我先积极起来，如果每个人都这样想，我们的社会就充满了正能量。建议老师继续传递正能量，坚持接地气的讲课方式，照本宣科的讲述学生肯定不爱听，也很难真正受到教育。建议老师继续开放式的教学方式，在多种观念的交流碰撞中升华思想。这是我的一些不成熟的建议，不妥之处敬请原谅。”

……读着这些温暖的文字，我被学生的这份情感感动着、鼓舞着、启发着、深思着。我一直珍藏着他们留给我的这些特殊礼物。也许他们早已忘记大二上学期马克思主义基本原理概论课交流探讨的具体内容，忘记了学期结束老师要求完成一次作业的主题和自己完成作业的具体内容。但我相信，在他们的心田里一定还储藏着一颗思想的种子。这粒种子在她人生的四季里生根、发芽、开花、结果。读着这些文字，我仿佛看到了一个个的小脚印，这些脚印记录着他们思想的变化、生活的多彩，也印记着他们成长的轨迹。

每个学生都是一道风景，而每一道风景都浸染着多重色调，最基本的色调之一是学校老师的着色。因此，学生这道风景本身呈现着学校老师的本色。马克思主义基本原理概论课是一门“说理”课，要把这门具有高度抽象概括特点的“说理”课讲得有滋有味、有情有义的确有难度。说理者首先要有理、懂理才能说好“理”。不仅如此，还要“行理”，即做到“知行合一”。在和视障学生“说理”

时，他们不仅在乎理论的“高度、深度和广度”，更在乎理论的“温度”。这样的“说理”更容易被他们接纳、吸收。针对视障生的特点，我采取了“话聊”的授课方式。话聊不是漫谈，其主题来自学生，是学生针对自己遇到的思想困惑而提出来的，当然，我需要加工整理，使其具有理论的普遍性。因此，主题立足于教材又超越于教材，立足于学生生活又富有理论的针对性。话聊的方式具有多样性，如说唱式、辩论式、演讲式、座谈式，等等。我授课的班级是学校最初招收的第一、二届的学生，他们个性强、有能力，有阅历，同时还有一颗敏感、脆弱的心，需要老师小心呵护。给这群励志青年上课我面临全方位挑战，我必须调整既有的教学思路和教学设计开启新的实践探索，即一切从“心”开始。我首先要读懂他们的“心”，要给他们的思想“把脉”，了解他们的兴趣点，理解他们的思想盲点，关注他们的心理冰点。在此基础上设计教学内容、教学方法和考核模式。以此为教学思路，秉持爱心、尊重、平等、包容、开放的授课理念，让学生在对话、分享、思考中认识自我、坚定信念、学会合作、融入社会。把看起来高深、枯燥、空洞的理论在师生思维的碰撞中变得浅显、有趣、鲜活和实用。学生在轻松交流、热烈讨论、激烈辩论、昂扬宣讲中感受“真理的味道是甜的”。学生对马克思主义基本原理概论课的态度由排斥、反感到期待、喜欢。因为课堂不再由老师一个人经营，而是由师生共同维护；观点不再是老师的独家之言，而是每个人眼界、视角和格局的展现；知识点不再局限于教材，而辐射更多内容体系。师生在一次次心灵的碰撞中去感受社会的复杂性、价值的多元性、思想的多维性、真理的相对性。我的作用不仅仅是知识传授，更重要的是思想的引领、价值的塑造，情怀的熏陶，信念的坚守。学生在问题的提出、思考和讨论中接受马克思主义理论的观点、立场和方法。在潜移默化中真学、真懂、真信、最终真用。

每个学生的风景里都有老师的背影，每个老师的风景都由学生呈现。在学生渐行渐远的轨迹中，那些过往的脚印会越来越模糊，但前进的脚步有了灵魂的陪伴，其方向是向前延伸的。

我与滨医的特殊教育

人文与社会科学学院　卢铭

我与滨州医学院特殊教育的关系有三十多年的时间了，1988 年我调来滨州医学院宣传部负责宣传和摄影工作。由于工作的关系，从那时起我就与医学二系（特殊教育学院的前身）的领导、老师和同学们经常接触，用影像的方式，记录、宣传他们的工作、学习和肢体康复治疗的情况。

1994 年滨州医学院十年校庆. 我负责影像采集、校史展览等项工作，对医学二系建立的背景、过程和发展脉络有了清晰的认识和理解。医学二系的建立和发展以及学校各级领导和医学二系师生的自强不息、努力奋斗的精神，一直激励着我，直至今天仍让我无法忘怀。

1997 年经学校领导研究决定，成立了文学艺术教研室，开启了我校的美育教学工作，同时任命我负责文学艺术教研室的美育教学和管理工作。那时条件艰苦，专职教师只有我自己，所有的一切都是从零开始。但是，学校领导和教务处的领导给予了全方位的支持，各个部系积极配合，兼职教师很快有了十几个人。我们开设了大学语文、普通话、应用文写作、美术鉴赏、音乐鉴赏面向全校所有专业学生的五门课程，我主持的美育教学研究课题成果获得了山东省一等奖，中国高教学会美育专业委员会二等奖，在河北大学召开的美育年会上，教育部副部长周远清同志亲自给我颁了奖。

那个时候，医学二系的同学多是肢残的状况，与普通学生混班上课，每次上课，他们都是早早地来到教室，坐到前排，认真听课。最让我感动的是一位患有强直性脊柱炎的同学，他的身体僵直，不仅行动困难，身体移动还会带来呕吐反应，但是他每次都是早早来到教室，坐到前排，没有因为身体的原因缺过课。所有的这一切不断地激励着我，感动着我。每次上课，我都以最好的状态把我的所学尽可能多地传授给他们。

2005 年 10 月，医学二系举办建系 20 周年庆祝活动，李克祥副院长交给我了一项艰巨的任务，设计制作医学二系 20 年发展史与成就展，当时距离展览开始的时间已经不足一个月了，时间紧迫。来参加系庆活动的有中残联、教育部、部分院校的领导和部分校友，还有各大媒体的记者朋友。展览的规格要求比较高，既要体现二系的发展脉络、各级领导的关怀帮助和我们努力奋斗的过程，又要充分展现我们取得的成就，展览的各项信息内容和展览的视觉效果容不得半点马虎。接受任务后，刘志敏、顾玉春和我三个人立即开始了紧张的工作。梳理内容，确定展览思路，确立展览主题和内容，展览场景规划和展览版式设计，全面铺开，校宣传部提供了他们掌握的全部素材，学校相关部门给予积极配合。在大家的共同努力下，经过十几个日日夜夜的奋战，展览提前制作、安装完成。展览得到了各级领导、来宾和师生的好评，取得了圆满成功。

2012 年视障生入学，2018 年听障生入学，我校的残疾人教育，不仅仅招收肢残学生，还招收了视障和听障学生，开始了真正意义的特殊教育时期。对视障和听障学生的教学，与对普通学生和肢残学生的教学不同，由于交流方式的不同，课堂教学过程中教师与学生的交流遇到障碍，这对我们是全新的课题。作为非特殊教育职业教师，我们不懂盲文，不会手语，如何解决交流障碍，完成教学任务，是我们迫切需要解决的问题。

2012 年给视障生开设普通话课程，首先遇到的就是课堂教学的师生交流问题。普通话教学的重要教学点，是解决发音不规范不准确的问题。规范的发音，必须发音时唇形规范、舌位正确。普通学生可以清晰地看到你的动作演示，而视障生却看不到。备课时，我查阅了我能找到的所学资料，没有发现可借鉴的方法。上课时，我除了讲授普通话语音知识点外，还尝试着用双手模拟唇形和舌位，让他们用自己的手触摸我的手的演示，了解不同音发音时规范的唇形和正确的舌位，同时还采取了每个学生依次跟我读音的方法，及时发现和解决他们每个人的方言语音问题，细心地讲解，耐心地帮助他们正音，收到了良好的课堂教学效果。考试，我采取了开放的口试方法，全班同学同时在场，依次按学号逐个考试。考试内容有两项，一是普通话的语音、朗读、说话的知识点和要求（这一环节主要是考察他们对教学内容的了解程度）；二是依据普通话语音、朗读、说话的具体要求，分析他们自己存在的语音问题和解决这些问题的方法（这一环节主要是考察他们普通话语音的掌握程度）。后面几届学生也都是采取同样的方法，并根据具体情况，及时调整，收效良好。

2015 年，我找特殊教育学院曹同涛院长商量为视障生测试普通话，两人的想法一致，一拍即合。通过特殊教育学院、学校教务处、学校普通话培训测试站的共同努力，报请上级主管部门批准，2015 年 12 月为视障生测试了普通话。测试期间，我协助南京来的专家，义务为视障生测试了普通话等级。

2018 年第一届口腔医学技术专业的听障生开设素描与色彩、设计素描与设计色彩两门专业课程，教学过程的交流环节同样遇到了问题。美术专业课程的教学，主要有理论知识传授和技能学习两部分，技能学习过程中，每个学生的技能基础、理解能力、接受能力不同，出现的问题也不同，教学过程中需要根据不同学生出现的不同问题逐个辅导。在理论知识传授和技能示范时，语言信息的沟通尤为重要，可是不会手语成了我与学生交流的主要障碍。为了解决这个问题，我尝试着在理论讲授部分，找听障程度轻一些的同学协助我授课，请她到讲台上来做手语翻译。在技能学习逐个辅导时，我借用手机的写字板，输入汉字同他们交流。上述方法，初步解决了与听障学生的交流沟通问题。

与残障学生的交往非常地美好。在他们那里我学到了许多宝贵的东西，了解到了他们的所思所想。我与他们的关系，除了是课堂上的师生外，更多的时候是朋友。虽然我已经退休了，现在许多学生还一直与我保持着联系，并不断地在微信和 QQ 上与我分享他们的喜悦、快乐和成功。

在这里，我真诚地祝愿他们，事业有成！快乐成长！

临江仙·特教·青海行记

滨州医学院宣传部　高森

代题记·临江仙·昆仑雨长

依依寒雨盛夏后，隐隐昆仑苍苍。缓步香茵游冶处，一湖青水盈，花海满茎芳。
小径漠漠幽如梦，一帘风絮飘香。多情休问尚几许？应知春来去，何年话沧桑？

我接到特殊教育学院副院长李敏老师的通知，心头一时感慨万千。由于我刚工作的时候宿舍就在特教楼，所以与特教的同学们“混”得很熟悉。尤其是2012级和2013级的同学，我们经常在一起交流，反而碰撞出思想的火花，一起实实在在地做了几件事情。

光阴流转，一晃已是近十年的光阴。曾经的笑语喧哗隐隐在耳边浮响，那群青春灿烂的少年如今早已步入社会，不变的是，我们曾经做过的那些事情。

考虑字数的限制，我曾经所做的几件事情无法一一道来，选取其中一件，飨作心语，以敬滨医特教事业的初心与坚持。

王彦龙是河北人，能够接受医学本科教育，他是一个很有想法的人，一直很珍惜这一机会。他，在大一的时候便高分通过了托福外语考试。在一次闲聊中，他顺口谈到想做一个项目，让视力正常的人们感触黑暗，进而珍惜、保护视力，同时也能完善心理健康的维度。我很欣赏他的这一创意，于是，我们便组织了2013级特殊教育专业、临床医学专业和中医学（针灸推拿方向）的其他几位同学组建了“非视觉，健眼心”大学生暑期社会实践团队。由于团队的核心项目“黑暗体验”非常有特色，所以，该实践队成功获批国家级重点社会实践团队。我们团队于 2014 年 8 月远赴青海省西宁市，深入青海省残疾人康复中心，宣传滨医特教新优势；走访西宁回族医院，缔结医学视阈民族深情谊；远赴青少年儿童活动中心，开启“黑暗体验”新旅程。仅仅五天左右的时间，我们让青海人民了解了滨州医学院的特殊教育事业，同时，也让滨医的仁爱文化盛放在昆仑山下、青海湖畔。我至今记得，在青海省残疾人康复中心，一位视障的小伙子问我们：“视障群体也能上大学吗?”我们当时心里五味杂陈，并耐心地告诉他完全可以，不止滨州医学院在开展视障群体的医学高等教育，而且，还有多所本科院校的大门以其他学科领域向视障群体敞开。

青海之行，我们收获颇丰。这也是我们第一次将学校特殊教育专业的实践基地开辟在青海大地，将学校的影响力拓展到祖国的青藏区域。让青海和滨医，从此不再陌生！活动的公益性和实效性不仅受到诸多媒体的关注，而且我们团队还被评为全国大学生暑期社会实践优秀团队，实现了特殊教育学院在暑期大学生社会实践方面国家级奖项的历史性突破。我本人荣获“全国大学生暑期社会实践队优秀指导教师”荣誉称号，王彦龙同学获得山东省大学生暑期社会实践活动“优秀学生”荣誉称号，他也成为国内首位获此项荣誉的盲人大学生。

王彦龙并不是个满足于现状的人，他的“黑暗体验”项目也没有随着此次青海之行的尾声而结束。随着他即将毕业，一个更大的想法在他心中蔓延。

毕业的时候，他兴奋地告诉我，要去南方闯一闯。他借助视障群体就业的政策优惠，并寻求了多方的资源支持，在浙江省宁波市注资 100 万成立宁波黑乐文化传播有限公司，经营的核心项目就是以“黑暗体验”为基础的“你是我的眼”企业团建拓展训练项目。经过短暂的初创业阵痛期，王彦龙的“黑暗体验”创意理念得以有效落地，并取得市场的认可。

王彦龙的事业现在越做越好，自主创业非常成功，经营的业务面也在不断拓展，而且还在烟台买了属于自己的房子。房子离着大海很近，他喜欢倾听海浪的声音。我们闲聊不免谈到那次青海之行，他坦言，是那次社会实践给了他坚持创业的勇气，他看到了社会对特殊群体的关注，也看到了特殊群体对于社会的期待。所以，他想从中探索出一道具有平衡性的桥梁，连接特殊群体和社会发展之间的和谐共生。

看着王彦龙意气风发地谈着自己的创业感想，我忽然觉得，王彦龙的发展又何尝不是滨州医学院特殊教育事业发展的一个缩影。他承继着学校 1985 年敢为人先，开创全国残疾人高等教育先河的创新基质；他又开拓着这一先河语境下学校特殊教育发展的边界。三十多年前，学校开创式举办残疾人高等教育是为了让这一特殊群体有学上；三十多年后，王彦龙作为滨医学子创造性的创新创业是为了让这一特殊群体更好地生存下去。以三十多年的时空流转审视从上学到创业的沧海桑田般的变化，背后所隐喻的我校特殊教育事业发展能级的提升也是清晰可见。

如何处理好历史传承与开拓创新的关系是接下来我校特殊教育事业发展的重要命题。现在，特殊群体上大学已不再是梦想，随之而来的是就业问题的突破。如何让特殊群体更有尊严地生存、生活，我个人认为，这将是接下来特殊教育事业所应重点考量的问题，也是我作为一名滨医人，对新时代学校特教事业发展的诚挚期盼和祝愿。

情感注入，爱心浇灌

外国语与国际交流学院　初宏宇

八年前，一个偶然的机遇，我怀着一份忐忑而又激动的心情走进了视障生的英语学习小天地，从此便开启了自己与视障生的这段特殊的特教缘。在这个英语学习小天地里，有着一张张充满朝气的面庞。尽管他们视力有缺陷，有的低视、有的全盲，但他们的善良、坚毅、刚强的特质以及对知识充满渴望的眼神令我折服。在这里的每一天，我都被他们这种执着的追求感动着、温暖着、激励着，那么如何助力他们的英语学习呢？

一、情感支持：注重情感交流，打开沉默学生心扉

班上曾经有个孩子学习状态非常投入，但是沉默寡言，从不与任何人说话，上课也不回答任何问题。我从班干部处了解到该生的基本状况，或许是一种“自闭症”，此处我把这个学生称为沉默的学生。起初我试图利用课间休息时间在班上与这位同学交流，但都无果。于是，绞尽脑汁的我想到了一个办法，那就是利用碎片化时间到隔壁的阅览室与他进行一对一、面对面的交流。经过多次的接触与启发，终于“敲”开了他的嘴巴，了解到这个孩子非常喜欢欧洲历史。尽管文科出身，但经过时间的洗礼，许多历史知识我早已忘得一干二净。于是结合这个孩子的兴趣点，利用业余时间上网重拾相关历史知识，我们之间就此进行了较长时间的交流。依稀记得我们谈到了古代英国、拿破仑等内容，因此事距离现在至少有六年时间，且我的记忆力大不如从前，因此对于具体谈及的内容已经记忆模糊，但令我最难忘的是经过一段时间的有效交流后绽放在这个孩子脸上久违的、灿烂的笑容，很后悔当时没有给他留下一张珍贵的照片。据他说这是近二十年来他说

话最多的一段时间，即便是在家里，他也是把自己锁在自己的世界里。由此可见，特殊教育的特殊性在于真正用心与孩子们交流，打开沉默学生的心扉、走进他们的心灵，才能收获那份来之不易的喜悦。

二、学习支持：提供学习支持服务，促进知识无障碍获取

从未受过特殊教育培训的我，在面对一群英语基础相对薄弱的视障生时，需用心体会视障生与健全生的不同之处，需对视障生的学习需求、学习方式、学习过程以及学习内容进行全方位的了解，尽量为他们提供额外的学习支持服务，促进知识无障碍获取。

首先，因为视力受限、基础薄弱造成的自信心不足等因素的影响，视障生在学习过程中对老师的依赖程度更高，更需要老师的脚手架功能，有时需要老师非常清楚且语速缓慢地阐述或转述课件内容以方便学生当堂记忆或做笔记。因此，在放慢语速的基础上，把学生听不懂的每一个单词或句子或其他教学内容尽量以文字的形式呈现在 QQ 群里，使得全盲生可以借助语音转换器亲自听出所讲教学内容，低视生则借助放大器亲自看到所讲内容，以便加深理解与记忆。再者，俗话说“上帝关上一扇门就会为你打开另一扇窗”，这句话非常符合缺陷补偿理论的观点，即学生往往用其他感官来补偿视觉障碍带来的缺陷。因此，我采用“听说领先，输出驱动”教学策略，设计出符合视障生学习特点的一些听力复述、口语交际活动，以充分挖掘视障生的听力和口语优势。同时，我鼓励生生之间多开展朋辈协同学习交流活动，打造良好的学习氛围。另外，业余时间充分利用 QQ 群或微信群的便捷性及时在线解答学生学习过程中提出的各种疑问，减少其学习过程中产生的孤独感以及无助感。最后，鉴于目前适合视障生学习的英语学习平台或学习资源相当有限，需任课教师课下多浏览多查阅，寻找适合视障生学习的资料、视频等，不断开发出有效的、个性化的学习资源，并为他们提供多种学习选择和个性化学习支持服务，使得学习过程人性化、生态化、生命化。

值得一提的是，2016 级学生陈书栋经过个人的努力与奋斗，顺利通过长春大学研究生入学考试。事后，书栋谈及他学习英语的一些心得和体会，我在 19 级针灸推拿班 QQ 群中及时做了转发与分享。真诚希望这些学弟学妹们以他为榜样，努

力实现自己的求学梦。

三、心理支持：注重心理建设，助力学生成长

2021年，2019级针推班有十几位同学参加了大学英语四级考试。试前，基于学生的学习基础，认真分析哪些是易得分试题，扬长避短；同时提供应考策略，加强心理干预与建设，增强其学习自信心，促使学习的有效发生，使他们以饱满的精神状态应对四级考试。考试后，我把同学们召集在一起，认真听取同学们的考试诉求并进行整理。尽管同学们申请了合理便利，但仍旧涉及以下问题：盲文卷很大且页数多，装订方式不利于学生作答；听力作答时间没有做相应的延长；阅读题量大且时间紧张，尤其是长篇阅读不利于考生作答；希望口语考试能够提供盲文。在访谈的基础上，对同学们开展问卷调查，目前就视障生四级考试一事正在书写文章，呼吁相关部门关注视障生的考试诉求，以求为他们提供更为平等的机会和更为合理的便利，为助力学生的成长贡献自己的一点绵薄之力。

总之，让每个孩子都能享受公平而有质量的教育，这是每个特教人终生奋斗的使命！作为一名特教人，我始终在坚定地践行着自己的努力，坚信通过挖掘他们的潜力，一定能够提升他们的生命价值，提升他们的幸福感。

与英雄之近距离接触

外国语与国际交流学院　郑愿华

1985年是不平凡的一年，无论在中国残疾人发展史上还是滨州医学院的发展史上，它注定成为一座丰碑。就在这一年，中国的残疾人拥有了接受高等教育的权利，滨州医学院开辟了残疾人高等教育的先河，实现了他们的梦想。就在这一年，来自全国12个省、市、自治区的57名残疾人考生迈入了滨医的大门，进入了85级临床医学二系，开启了他们的大学征程。在他们中间，还有一个更加特殊的群体，那就是在对越自卫反击战中英勇战斗，伤后致残的五位解放军战士学员——丁晋余、方顺寿、钟培陆、陈启忠、罗长斋。

根据教学安排，由我担任他们的英语老师。第一次见到他们，我就被深深地震撼到了。丁晋余左耳贯通残缺，钟培陆、陈启忠面有弹痕，方顺寿、罗长斋行走不畅……这还仅仅是表面能够看到的，战争留给他们的精神创伤不得而知。但是，面前的他们意气风发，以革命军人特有的挺拔身姿出现在我的面前。此时的我，凝视着这些特殊的学生，好似看到了他们背后弹火纷飞、硝烟弥漫的战场，看到了他们英勇奋战、拼死卫国的无畏壮举，敬佩之情油然而生。

与他们一起学习的三年中，给我留下深刻印象的有三件事：

第一件事就是他们的坚强。那时我们外语教研室在滨州校区实验楼的五楼，因为他们只有五个人，学校的教室也不宽裕，所以就在我的办公室上课。1985年时滨州校区的办公条件一般，学校虽然为医学二系的残障学生做了一些特殊改造，尽量为他们提供方便，但也无力做到为他们上课的每栋建筑都安装电梯。所以，那时爬楼是常事。对正常人来说，上到五楼也往往气喘吁吁，但让我感动的是他们从未因为要爬高楼而迟到、缺课，特别是方顺寿和罗长斋同学。方顺寿是因排雷受伤而导致左前脚掌截肢，罗长斋因踩雷负伤假肢至膝。可以想象，他们上到五楼所要克服的困难。多年过去，随着我的成长，尤其在为人妻，为人母之后，经常深深地为自己当时的粗心而懊恼！为什么没能想办法找一间一楼的房间给他们上课呢！哪怕去借一间一楼的实验室呢！

第二件事就是他们的毅力。因为少小从军，他们的英语水平几乎为零，即使有几位军校毕业，但长期用不到英语的军旅生活也早让他们遗忘。所以，当时我们选用了《新概念英语》教材。从第一册第一课开始学起，每周四节课，三年之后，他们愣是完成了第三册的学习！要知道，那时他们的年龄普遍偏大于其他在校生，加上身体的伤痛，精神的创伤，要完成海量的专业知识识记和一门外语的学习，是多么的不容易，得需要多么坚强的毅力才能做到！记得当时的课堂严肃紧张而又生动活泼，往往为了纠正一个发音而笑声不断，为了掌握一项语法而训练不停，为了对比中外文化而引出各自家乡的诸多故事……往往在意犹未尽之时，下课时间已到。“梅花香自苦寒来”，除了医学专业知识，英语学习也为他们在以后的职业生涯中打下了一定的基础，毕业后的他们在各自的岗位上都做出了突出的成绩，成为各自岗位的中坚力量。

第三件事就是课间、课后，他们给我讲述的战斗故事。我一直崇尚军人，可能是在青岛长大的缘故吧，从小就特别羡慕海军，敬佩军人，对兵营里的生活充满了好奇。加之他们那时经常受邀去各高校巡回演讲他们的英雄事迹，近水楼台的我就更不能放弃了。但他们讲到的总是部队和战友们的英雄事迹，很少提及自己。我对他们个人英雄事迹的了解，更多是来自中共山东省委宣传部学校教育处编写、时任省委书记梁步庭同志题写书名的《大学生在前线》一书。在书中，我看到了昆明陆军学校毕业后被分配到拥有中央军委“攻坚英雄连”和团中央“新长征突击队”称号的连队任排长的丁晋余同学的英雄事迹。从学校的青涩蜕变，到战场的青春洗礼；从目睹战友的牺牲，到亲历战争的残酷，他把自己的青春与鲜血毫无保留地奉献给了祖国和人民！在大雨滂沱、道路崎岖、负重40公斤前进的行程中；在炮火轰鸣、烈焰遍地、敌军工事坚固的战场上，他都无所畏惧，勇往直前。即使在头部中弹后，还坚持指挥战斗，直到后续部队到达。战后，他们的连队受到中央军委的嘉奖，被昆明军区授予“老山钢刀连”的称号，他带领的排也荣立了集体二等功。

课堂上的方顺寿发言较为积极，但问到他的战斗故事，话语就不多了，或许又回复到了作为工兵的冷静和沉稳。他曾带领破障器材改革小组，针对平原与山岳丛林地带的地理环境，针对越南军队大纵深、大面积布雷的特点，写出了《步兵在热带山岳丛林地破障的行动》一文，在战斗中发挥了很大作用，多次受到各级首长的表扬。在潮湿的猫耳洞里长达六个月的坚守中，他们没有洗过一次脸、刷过一次牙，没换过衣服，没理过头发。吃的是罐头和压缩饼干，受的是蚊虫和蚂蟥的叮咬。连队里一半人烂裆、烂脚、生疮，很多人得了疲劳综合征。但他们坚守阵地，先后打退了敌人的 31 次进攻和偷袭！凭着自己的胆大心细和过硬技术，方顺寿排除掉越军精心布置的母子雷、绊发雷、压发雷、连环雷等共 223 枚！一次，他在连续紧张地工作八小时后，不幸触雷受伤。

钟培陆出生于 1958 年，入学前就已结婚生子，比我们都大许多，因此大家都亲切地叫他老钟。曾有一度，我只记得老钟，居然想不起他的全名。他的普通话广西味浓重，我们经常开玩笑说听他讲汉语还不如听他讲英语明白。他是老山前线一等功荣立者，因此参加的战斗也是最激烈和最残酷的。记得我曾问他怕不怕参战，他说：“肯定怕呀，但上了战场，就什么也不怕了。”多么朴实的语言！当时我还想，英雄就是这样呀，没有过多的豪言壮语，但就是在这些朴实的语言背后，承载着他们保卫祖国、守护人民的坚强信念和深沉的爱。我也仿佛看到老钟在战场上为掩护战友冲锋，主动吸引敌人，在左臂受伤的情况下，单手装弹、上膛、射击，直到看到战友们冲上高地主峰的画面！在领奖台与纪念碑之间，他义无反顾地选择了后者。遗憾的是，老钟已于 2021 年 1 月因病过世，没有能够再多享几年他曾经拼死奋斗而换来的祖国的宁静生活。

陈启忠原是南京部队某营部的卫生员，是五位学员中最具医学基础的一位。众所周知，战地卫生员是与死神争夺生命的人，对保持部队战斗力负有重大责任。部队卫生员不仅要有精湛的技术，还要有定力和体力。陈启忠严格要求自己，每天进行五公里的负重爬山训练，受到营党委的两次嘉奖。在前线需要的时候，他主动请缨，冒着密集的炮火，火速赶往阵地。白天在阵地救治伤员，夜晚身背肩扛往后方运送伤员，需要时就和战友们一起参加战斗，既履行着卫生员的义务，也发挥着战斗员的作用。即使在双脚被打进了十几块弹片后，也坚持着爬向受伤的战士，把仅剩的一条止血带留给战友。部队首长让他回后方医院把弹片全部取出，但他仅在战地医院取出了稍大的几块后，就又一瘸一拐地回到了前线。他先后在炮火中抢救了 33 名伤员，被战友们誉为老山前线“白衣勇士”，荣立了二等功。

罗长斋来自原广州军区，是广西边防第三师侦察大队的一名战士。1979 年 11 月在中越边境执行侦察任务返回时，不幸踩响地雷，光荣负伤。左小腿上 1/3 离断，右手中、小指近指关节离断、食指指间关节及环指远侧指间关节强直，功能基本丧失，右大腿后方疤痕疼痛，达到了四级残疾的标准。因表现突出，他荣立三等功和嘉奖各一次。在校期间，他曾代表惠民地区参加山东省第二届残疾人运动会，并夺得铅球第三名。1990 年毕业后，他被分配到中国人民解放军第三零三医院（广西南宁）分管疫情报告管理工作，多次获得医院的嘉奖和原广州军区防疫队的通报表扬，多次被评为优秀共产党员、医德医风先进个人、优秀医务工作者等。

岁月如梭，光阴似箭，转眼之间，36 年已经过去。昔日意气风发的他们，现多已退出了工作岗位，尽享平安祖国的美好生活。虽然他们的躯体创伤犹存，虽然战争的后遗症还时不时地困扰他们，但他们的坚强信念永远值得我们学习，他们为国献身的精神永远值得我们尊敬，他们永远是中华民族的英雄！永远是我们最可爱的人！

以视障生为中心，构建缺陷补偿中诊课堂

中西医结合学院　王科军

我于2017年开始带教中医视障生的中医诊断学课程，带教之前也思考了很多问题，如学生的视力达到什么程度，其中的诊断包括望、闻、问、切，中医望诊如何去教，学生的学习积极性如何，学生的心理素质如何。针对这些问题，上课前我与其他带教的老师做了交流，对视障生的情况有了大概了解。

备课之后，我进入课堂，开始上课，慢慢体会到了视障生身上的那股渴望学习的精气神。在他们身上有着一些独特的优势，如他们的触觉、听觉较好，他们的团结协作能力较强，有较强的学习意识。在接下来的教学中，我积极整合教学内容，发挥学生的优势，开展中医诊断学教学，探索构建个性化、缺陷补偿法中医诊断学课堂。

首先提出以下几个问题，作为解决的重点问题：

1. 视障生由于视力缺陷，如何进行望诊学习

中医诊断中望诊具有重要的地位，而视障生望诊的实践教学，较难进行，基于此，我们积极探索感官缺陷补偿法教学，强化以闻诊、问诊、切诊为核心的中医四诊技能训练。

2. 视障生渴望接触临床

视障生由于视力障碍，平时与之交流的多为自己的老师及同学，主动接触患者的机会较少。基于此，课程组授课教师在自己的临床患者中选择病情表现较为典型且不急重者，作为真实性患者，引入课堂，还原临床真实情境，加强中医辩证思维培养。

3. 如何关心视障生的心理健康，构建和谐的身心素质

个别视障生由于自身缺陷会有些心理障碍，体会不到社会认同感和自己的价

值存在感，教学中以课堂为载体，强化医患沟通能力培养，融思政于教学，让学生在学习知识中，坚定学习中医自信，找准自己人生定位，身心全面和谐发展。

然后针对视障生，整合课程内容，加强资源建设：

1. 整合课程内容

分析中医执业医师及考研中医综合考试，结合中医临床需要，将中医诊断学教学内容整合为中医诊法和中医辨证两个知识模块，进一步细化为 11 个专题，将知识传授与技能实训有机结合，融入教学情境中。

2. 建设师生互动资源共享平台

视障生有专门上课教室，为每名视障生配备电脑，并配有辅助视障生学习的一些软件。中医诊断学为校级网络课程示范建设点，已建成中医诊断学在线课程，相关教学资源丰富，教学大纲、课程教案、教学课件、讲稿、图片库、视频库、音频库、练习题及答案均放在课程网站上，供学生自主学习及复习，有些视力稍好的视障生可通过网络进行互动学习。

3. 构建以闻、问、切诊为核心的四诊技能与中医辩证思维训练模式

授课对象为视障生，对于望诊内容视障生难以实践，授课中以理论教学为主，学生遇到需要望诊患者时，可以通过询问间接获取病情。针对视障生触觉、听觉较常人灵敏和渴望用语言与人沟通交流的特点，进行感官缺陷补偿教学，构建了以闻、问、切诊为核心的四诊技能训练模式。引入真实性患者，构建中医临床情境教学平台，提高学生医患沟通能力，培养学生的中医辩证思维，具体可分为以下两点。

一是构建参与式、交互式中医诊断学实训平台：针对中医诊断学实训教学，充分利用中医诊断学实训室，包括中医舌诊辅助系统、中医脉象实训系统、中医脉象描记仪、中医体质辨识系统以及中医临床思维训练系统等，让学生更加形象地认识、感知舌象和脉象以及体验中医辨证思路，为接下来的临床真实情景教学打下基础。

二是搭建中医临床情境教学平台：为了进一步更加真实地训练学生的四诊技能和辩证思维，引入真实性患者，构建中医临床情境教学平台，进行情境式教学，激发了学生的学习兴趣，加强了医患沟通能力培养，开拓了辨证思路，培养了综合素质。

课程实施过程中，坚持以学生为中心，开课之初了解班级的思想和学习状况，开课过程实时评价学生学习情况，及时调整授课内容的广度、深度及进度；坚持以临床为导向，以临床真实病例情景引入专题学习，激发学生的学习积极性；坚持以立德树人为根本任务，强化医德至上的教育理念和责任与奉献的职业精神，促进学生身心和谐发展。

针对教学内容和授课对象特点，除了应用常规的教学方法和手段，针对视障学生，我们积极探索了个性化教学法、直观性教学法和缺陷补偿教学，以手代目，弥补学生由于生理缺陷所带来的认知不足，对视障学生进行缺陷补偿教学，充分调动盲生听、嗅、触觉的敏感性，最大限度地提高学生单位时间内对知识的理解程度和占有量，从而达到教学目的。教学中引入虚拟仿真技术，模拟实践教学，引入真实患者，还原临床情境，提高视障生课堂学习的参与性和互动性。

在今后的教学改革中，我们将深入总结近年来取得的成果和遇到的问题，继续以视障生为中心，充分发挥视障生的优势，开展个性化教学，为中医视障生的培养贡献出一份我们的力量。

点燃心中那团火

中西医结合学院　曹卫友

从2015年开始接到特教学院邀请，给特教学院视障班教授中医骨伤科学，到现在已经六七个春秋。记得当年我接到邀请电话时，心里“咯噔”一下，犹豫不决，最后给特教的回复是：“明天给你电话。”关于特教学院的学生印象也仅仅停留在我前几年在附院工作时，做过几例小儿麻痹矫形手术的学生，或者校园里见过的他们的身影，但对于这些孩子的内心真的是不甚了解，内心的纠结在于他们好教吗？能不能教好他们？视障班的学生可是视力受限的孩子，课件教学根本行不通，仅仅靠老师的讲述，他们能听懂理解吗？这些孩子大多自幼残疾，内心是什么样子，也不了解，我纠结了一夜，第二天还是答应了，决定走近他们，了解他们。

接下来就是仔细备好每一堂课，把课堂中可能遇到的问题详细准备，从第一堂课的不安，到慢慢彼此走近、了解，发现这是一批内心纯洁、求知欲强烈的孩子。虽然视力限制了他们对这个多彩世界的观察，但是他们的内心却是五彩斑斓的，对医学知识的渴求强于普通的医学生。针对他们的学习条件，课堂的讲授不能太复杂，要把许多专业知识转为通俗易懂的方式，结合自身临床经验，参考教材，把许多疾病的病理生理简化。课上讲授的重在疾病的诊断及治疗方法，其中一些手术方法，骨折复位的方法简单化；重在中医外治，教给孩子们容易掌握的颈肩腰腿痛的手法复位及外治方法；重在让他们获得一项技能，毕业后能很快独生存养活自己的技能。慢慢地孩子们接受了我的教学方法，也喜欢上这种教学方法，许多踏上见习、实习、甚至毕业的同学，经常私信我说老师教的某种治疗方法特别灵验，特别速效，作为一名老师，我心里也就踏实了。

回顾这些年的教学经验教训，我总结如下，不当之处请同行批评指正。

第一，从教师角度出发，接纳你的学生。他们无论美丑贫富，无论身体健康或残疾，都是处于人生如花的年龄，都是内心求知欲特别强的孩子。尤其他们从小经历身体的病痛折磨，到处求医问药，他们更懂得健康的珍贵，更愿意掌握更多的医学知识，解除自身、家人及患者的病痛，所以从这一点他们的学习态度要比普通医学生更端正。作为教师，人文关怀很关键，孩子们内心都很要强，任何事情自己能做的不会寻求他人帮助，所以跟他们相处的过程中，不需要掺杂过分的怜悯同情的感情在里面，关心是关心，他们能做到的事情尽量严格要求，他们都能圆满完成任务。

第二，善于发现每个人的长处，孩子就像花园里不同颜色的花朵。有的孩子声音甜美唱歌特别棒，有的推拿技术特棒，有的特别热心，乐于助人等等，针对每个孩子的特点，多鼓励，每朵花儿就会开得更美。再就是教学中也要严格要求，毕竟都是近 20 岁的成人，除了教授书本及医学知识外，育人很关键。从他们的成长环境来讲，从小来自家庭、学校、社会的关爱比较多，自身付出也要比常人多，许多孩子踏入大学后可能习惯这种关爱，甚至家庭的溺爱，要适当地引导学生自立、自强，因为毕业踏入社会还是要靠自己打拼。作为未来的医学人才，德永远是第一位的，我曾多次给他们提到，心有多善良，医术就有多高，一名医者，心是红的，眼睛就是黑的，如果眼睛红了，心就黑了。只有不忘初心，掌握更多过的医学知识，抱有一颗仁爱之心，方能成为一方良医。课堂中重视一些基本的礼仪的教育，如个别同学回答问题时，坐在板凳上就来一句：“老师，我不会。”我马上会回应：“知识可以不会，站起来也不会吗?”得到提示后自然就懂得尊师重道、待人接物的基本礼仪了。从课堂的礼仪，到生活中的基本礼仪，再到请假制度，慢慢步入正轨，孩子们也会变得越来越好，越来越优秀。

第三，在教学中，避免照本宣科。作为一名临床教师，临床的实操很重要，对于许多手法治疗，有多少学生，基本都会在每个学生身上操作一遍，让他们反复练习掌握，尤其许多穴位的选取，都要详细地手把手地教给他们。一名不会看病的教师，如何教出会看病的医生，作为临床从业近 20 年的临床教师，一直没有放弃临床工作，只有把在临床中验证好的治疗方法教给学生，心里才是踏实的，才觉得对得起他们。

中医的发展，传承很关键，我经常对学生说，我教授给大家的方法，也不是我独创的，也无须保守，只不过有这个缘分，老祖宗一辈辈传到我这，我也有这个责任义务传承下去。反过来，你一个秘方，我一个秘方不外传，中医不早就消失了吗？所以选择学医就是选择终生学习，在临床中实践，在不断交流与总结中进步。

总之，在几年的教学中，有许多感人的故事，也有许多经验教训，奈何文笔不才，无法一一描述。但是作为一名教师，完成教学工作的同时，育人非常关键，德育先行，一颗仁爱之心，一颗善良之心，拥有正确的价值观人生观，身心充满正能量，到哪里都会发光发热。作为教师首要的工作就是点燃学生心中那团炽热的火焰，让他们无论走到社会哪个位置，都会发光发热，成为对社会有贡献的人。最后，我想感谢各位领导老师这些年的关心帮助，还要感谢每一届视障班的同学们，我从他们身上也学习了很多。

特教给了不一样的感悟

基础医学院　王利民

1993 年大学毕业，我留校进入解剖教研室工作，算来已有 28 年了。教学上，开始学着前辈老师的样子，加上自己的些许领悟，慢慢也就得心应手了。在这平凡的岗位上，我默默工作，送走了一批又一批学生。给我重新带来压力的是 2012 年，特殊教育学院开始招收针灸推拿专业视障学生，学院和教研室委派我接手视障生的教学工作。接到任务时，我是完全茫然的，此前从没有接触过特殊教育，更没接触过视障生。本来说要到一所特教学校进修学习的，可到暑期结束也没有去成。金秋九月，11 名视障学生走进了滨州医学院美丽的校园，我也只好怀着忐忑的心情走进教室，走近视障学生。

万事开头难，经过自我介绍，了解了一下学生的情况，十几分钟以后，我们就都进入了各自的角色中，课堂气氛开始活跃起来。他们没有任何的生疏感，很快地接纳了我。我手把手地教他们辨认骨骼，感受每一块骨上的突、窝、沟、孔、管、结节、粗隆；教他们关节的运动，让他们每一个人，每一个关节都运动起来，屈伸、收展、旋内旋外、旋前旋后；教他们在自己身上感受每一块肌肉，体会这些肌肉的作用……这是和普通学生不一样的课堂，学生可以随时提问，我也就随时解答，我在“做中教”，他们在“做中学”，这样的授课方式一直沿用下来。“纸上得来终觉浅，绝知此事要躬行”，古之圣贤的教育理念，让我不知不觉应用到了视障生的教学过程中，虽然无法看到书本上的文字，却能让他们能更容易地理解、更牢固地记忆所学知识。

教育，是一个需要付出所有爱的职业，尤其是特殊教育。有时全盲生在实验室行动不便，我会伸手搀扶，引导他找到位子，帮他摆好凳子，安排入座；有些同学对于骨、肌的标本心生忌惮，不敢触摸，我就先给他们一些模型，并慢慢鼓励，消除他们的心理障碍；有的同学理解较慢，如不理解方位、空间结构，我会多次给他讲解，或者从不同角度，用不同方式进行讲解，直至他说："知道了，谢谢老师！"。

关于"残健融合"教育，我的一点看法，对于视障生，尤其是全盲生，把他们融入正常学生的课堂里上课是不可以的，至少是解剖课不行。当然我们可以换一种方式，挑选适量的正常学生融入视障生课堂。这样做有许多好处：一是教师可以先把正常学生教会，然后正常学生再一对一教会视障学生，减轻教师负担（否则，老师需要把每个结构给每个视障生单独讲解示教），更有效地利用课堂时间；二是正常学生参与到小班上课，会更集中精力，因为他不仅要学，还要肩负起教的任务；三是视障生和正常学生成为一对一的学习伙伴，无论在生活上还是学习上，都能得到更好的照顾；四是视障生的学习热情也会感染正常学生，大家互帮互助，可以形成学习竞赛，相互促进，取得更好的学习效果。

在常人眼里，特教老师或许是最没有成就感的老师，他们永远培养不出社会上的精英人才，能把这些学生培养成自食其力的人也就不错了。可经过这九年的特教工作，我真真切切感受到了满满的成就感。视障生聪敏、友善、自信、向上，在他们的课堂上，我感受到了教育者特有的幸福，这是在普通课堂所没有的感觉。我希望，社会上有更多的人，更多的团体能够关注特殊教育，参与特殊教育。

我与特教的故事

特殊教育学院　潘静

我是2012年大学毕业后进入滨州医学院烟台校区就职的，同年滨州医学院特殊教育学院开始招收中医学（针灸推拿方向）视障生，这样想来，我算是跟这个专业一同成长起来的。

大约就职两年左右，我开始接触视障生教学，主要教授推拿手法相关的课程，第一批2012届学生只有11个人，发展到现在2021届新生已经有40人的规模了。其中有些学生本身就有过学习推拿的经历，跟他们在一起，算是一边教学也一同学习。他们确实改变了以往我对于盲人的刻板印象。我原以为他们会不善交际，两耳不闻窗外事，一心只读圣贤书，没想到这群学生中不乏性格外向活泼的孩子，他们在课堂上积极发言认真讨论，在课后会三五成群地结伴出去游玩，很多全盲的同学自理能力、个人出行能力都很强。

让我至今印象深刻的是2012级的赵明同学，在学院的支持下他在校园内创办了明眸推拿养生中心，让同学们在理论学习之余，可以尽可能早地接触患者，让理论与实践练习结合。这个养生中心一开始并不被看好，但是学生们的周到服务，专业的手法技能，渐渐地做出了口碑，顾客越来越多，并一直传承下来。目前养生中心运营良好，每个年级的同学都积极参加，甚至还带动了一些其他专业对中医外治法感兴趣的同学的加入。

中医学（针灸推拿方向）专业到现在已经九年了，在这九年中，我跟学生们一起见证了国家对于残疾人高等教育的重视，他们不仅限于考取盲人医疗按摩师证书，有很多学生还通过了中医执业医师资格的考试。为了培养出毕业后能在上级医师指导和监督下在各级医疗卫生机构开展安全有效的针灸推拿医疗实践的高素质应用型医学人才，并与中医执业医师资格考试对接，我们多次调整培养方案，让学生不仅能掌握中医药基础理论、基本知识和基本技能，还具备扎实的针灸推拿学专业知识和高强的实践能力。所以本专业很早就开始实行实践能力贯通式人才培养模式，借助我校优质的实践教学基地，实现三早，即“早接触手法、早接触临床、早接触社会”。采用“3+2”培养模式，即三年校内学习，两年医院见习实习，使学生具备扎实的中医、西医、针灸、推拿理论知识及过硬的临床技能。除了专业发展，我们还重视学生的素质培养，为他们开设了大学生心理健康、社交礼仪、残疾人文化等课程，提高他们的人文素养。我们的培养目标已经不仅仅局限于一名推拿技师，而是一位中医学专业人才。

2015 年，我还临危受命，成为 2015 级视障生的辅导员，回想起来当初还真是初生牛犊不怕虎，浑身都是干劲儿。接手以后我发现，辅导员的工作虽不多却繁杂，并不是想象中的那样，尤其是视障生心思细腻，还有些心理障碍的问题，一时间还真让我束手无策。幸好有同学们的配合和领导同事们的帮助，我的学生已经在 2020 年顺利毕业了。期间我和同学们有过争吵有过欢笑，在一起哭过笑过。2020 年疫情期间有学生在实习点无法回家，我真是像老母亲一样，整日提心吊胆，天天提醒他们注意防护，生怕他们受感染，可惜因为疫情，他们毕业时无法返校，也算是一件憾事。

除了中医学（针灸推拿方向）视障生专业，学院还创办了口腔医学技术听障班，这对于学校、学院、老师们来说又是一个巨大的挑战。第一批听障班的学生下实习点学习，带教杨教授给学生制订了详尽的学习计划和每日的预习复习内容，还让教师们学习专业手语以方便沟通和教学。我相信，在如此负责任的老师的带领下，第一批学生一定未来可期。

一批批的残障大学生用他们的实际行动向我们展示了当代残障大学生的精神面貌，他们积极向上、坚强自信，他们正用自己的努力创造出新的人生篇章。随着我国经济社会的发展，文明程度的提高，残疾人高等教育的权利会得到更好的重视和维护，《烟台市第二期特殊教育提升计划（2018—2020）》文件中提到加快发展非义务教育阶段特殊教育，支持发展残疾人高等教育，尤其提到支持滨州医学院特殊教育学院的发展，可见我们的“三合教育”模式已经得到了认可。

工作九年，每次看到同学们取得好的成绩，我都真心为他们感到高兴，当别的老师谈论起某个学生很优秀时，我会自豪地说那是我教过的学生。希望我校的特教事业越做越好，我能继续为残疾人教育贡献自己的一份力量。

谈谈视障生的课程设计

特殊教育学院 许雯

十指推拿天地小，千穴针法布局豪。

岂止学识敢创新，心若光明自有道。

1985年，学校创办了我国第一个专门招收残疾青年的大学本科专业（医学二系），开创了我国残疾人高等教育的先河。2012年招收视障生，2018年招收听障生，填补了全国医学院校开展本科层次视障生、听障生教育的空白。作为特殊教育学院的专业教师，讲授的课程主要面向本科层次中医学（针灸推拿）方向专业视障生，该专业学生毕业后大多从事中医针灸推拿相关工作。学生毕业后能够顺利通过盲医按摩考试，考取盲人医疗按摩资格证（等效于执业医师资格证），获得盲人医疗按摩资格，为从事医疗保健工作打下基础。

人接收到的信息大约80%来自视觉，视觉的缺失极大限制了视障生接收信息的能力。从课程开设之日起，我们就致力于探讨寻找更加适合视障生的授课方式。授课过程首先体现人文关怀，让学生放下压力，无障碍学习；将热爱国家、奉献社会、提高医德、关爱生命等思政内容通过古代医家的故事、现代临床事迹融入授课过程，让学生在潜移默化中提高思想道德修养，建立健康向上的人格及医学道德。同时紧随专业前沿，为学生提供最新的课程及专业国家指导意见，保证学习资料无障碍。

探索合理的授课模式，在授课中采用多种教学方法激发学生学习兴趣，提高教学效果。随时开展翻转课堂，让学生成为学习的主体，让他们开始主动学习、合作学习，丰富学生的理论思维，促进师生互动，提高学习效果。实践授课一对一、手把手，切实做好逐一指导，让学生的学习过程毫无障碍。为了进一步加强学生的实践学习，2016年学校修订培养方案，我们将一门课分成理论与实践两门课程进行。通过单独设课，学生也充分认识到技能操作与理论同样重要，充分调动学生的学习积极性，提高学习效果。

教材选用是本专业教学改革需要解决的问题。学生大多数课本是盲文出版社翻译的中国中医药出版社出版的国家“十二五”规划教材，而2016年国家“十三五”规划教材已正式出版且为全国各大中医类院校选用。如果我们选用盲文出版社的盲文教材就直接落后国家最新标准至少四年。为了紧随国家最新标准，我们选用了最新的“十三五”规划教材。因视障生学习应用的读屏软件仅能识别“Word文档”和部分非图片格式的“PDF文档”，学院资源中心的老师将教材、讲义等纸质学习材料扫描校对制作成“Word版本”，然后转译成盲文，制作盲文及电子版教材，免费发放给学生使用。让学生随时把握课程的重点、难点及学科发展的新动态。在利用好现有的纸质版教材和老师讲义等资料的同时，我们为学生提供优质的网络学习资源，天津中医药大学、广州中医药大学、成都中医药大学都是教学效果好、学校名列前茅的中医类高校，我们给学生提供了这三所高校的网络课程作为他们拓展学习的网络资源。

我们实行理论实践贯通式授课方式，整个授课过程中教中有练，练中有理。由于学生的生理特点，授课无需课件、挂图、视频等手段，老师们通过更加丰富的语言、更加生动的描述、更加清晰的表达，一对一、手把手实操指导来进行授课。课后学生可以应用盲人医疗按摩考试点穴仪、针灸模拟分析仪、推拿手法模拟分析仪等进行操作复习。

理论课上，老师利用生动丰富形象的语言对理论进行讲解，让学生进行形象记忆储存，力求学生能听得懂、可理解、记得住、会应用。我们的教学从注重教向注重学转变，在授课过程中充分体现学生在认知过程中的主体角色。在理论授课的过程中，教师就某个理论随时提出问题，引发学生思考，随时翻转，随堂分组讨论，师生讨论，最后由老师分析总结。该方法能充分调动教与学双方积极的思考，培养学生理解、分析和解决问题的能力，激发学生的挑战性和学习热情。我们将思政教育融入理论授课过程，如古代医家均以高尚的医德作为行医的首要原则，通过古典故事及临床实例端正学生的医学态度，建立正确健康的医学道德。

实训授课时，我们开展一对一点对点的指导。先由老师在每个学生身体上点出穴位或者进行手法操作，然后学生在自己身上进行。老师先指导，然后学生之间相互进行操作、相互点评，最后老师总结。通过老师教、自己学、相互评，反复进行操作，加深学生印象，刺激记忆，规范操作。

我们正在探讨建立一个最为合理的考核模式来动态追踪学生的学习效果，及时评价，随时督促，同时还能提示老师改善教学。我们改变了一张试卷定终身的考核方式，通过日常督促、平时作业、课堂讨论、理论口试、期中期末实训考试、期末理论考试、技能操作比赛等多种方式，从平时抓起，将本课程的考核分散在日常学习中，动态追踪评估学生的学习情况。本考核方式已实施多年，考核结果良好。我们采用动态评估的模式对学生的学习进行追踪考核、多次考核、多形式考核、一人一考、考完点评，将考核贯穿于整个学习期间。在测试过程中，发现学生的不足之处，在业余时间对学生进行个别化辅导，力求学生共同进步，共同提高。通过不断的考试，掌握学生的学习情况，了解教学弱点，督促反馈学生学习，进而改进教师的教学。通过教—学—评价—督促—改善—教—学—评价的教学考核过程，适时追踪学生的学习，改善老师的授课，有效提高本课程的教与学效果。

经过如上的教学尝试，学生和同行专家均对本课程的授课给予较高的评价，课程主讲老师评教成绩连年学院第一。我们仍在继续探索更加适合视障生的教学方法，力求学生满意、老师满意，争取做到教学效果不断提高。

滨州医学院的“黑马”

——送给特殊教育学院的同学们

中西医结合学院 徐文娟

“黑马”这个词语是形容平常学习成绩一般偏上，在考试的时候突然爆冷，成绩考到班级成绩前列的学生。所以“黑马”这个词，我认为用来形容我们特殊教育学院的学生，最适合不过。成为“黑马”的这些学生，身上具有什么样的特质呢？

首先，“黑马”特教学生的自律能力很高。“不积跬步无以至千里，不积小流无以成江海。”医学生的学习是慢慢积累的过程，欲速则不达，应该调整好心态，在较高的自律能力保障下，慢慢对所学内容进行掌握，慢慢去积累知识。特教学生的自律性都很高。我每次到教室的时候都看到同学们在安静地上自习，或者讨论某个知识点，这是他们比普通学生都认真的地方，而且他们每天的作息时间相对来说比较固定。每次上课跟老师的互动也很积极，下课也会问很多问题，学习态度是积极的。

其次，帮助他们找到自我价值是很重要的一个内容。对特殊的学生来说，大学生活将会是一个全新的挑战。当他们凭借顽强的毅力敲开了理想学府的大门时，如何推进无障碍校园建设、构建起制度化的支持保障体系，解除残障大学生求学的后顾之忧，就成为是许多高校面临的共同课题。为了更好地了解残障学生的需求，四川大学曾经面向全校残障学生进行过一次问卷调查，绝大部分学生表示希望有更多机会与普通学生一起参与活动，不愿意被区别对待。残障大学生多半来自经济困难家庭，他们不同程度具有自卑、敏感的心理，需要给予更多的关注。要以平等的姿态去与残障学生打交道，帮助他们找到自我价值和成就感，让他们感受到自己是有力量的。我曾经问过一位同学，什么时候会感受到偏见，怎么看待自我价值感，有什么好的应对方式，他说：“比起身体上的残疾，更多的是精神层面的不足。例如由于残疾的原因，普通人熟悉的环境对我们来说就是陌生的，不能很快融进去。大学期间，我希望尽力参加丰富多彩的校园生活，作为一名志愿者帮助有需要的人，实现自己的人生价值。应对方式就是做个‘普通人’。找工作的话，残疾不是我们的错，我们希望获得平等对待。寻求残联帮助或者就自己去招聘网站寻找关于残疾的工作岗位，还是有不少残疾人岗位的，好好准备，好好加油！生活是美好的，哪怕活得再艰辛，为了爱你的和你爱的人，也得努力。”

同学们其实非常明白这些缺陷在一定情况下是可以得到补偿的，经常做自己的心理医生适当调节。作为老师，我们要肯定他们已经取得的成绩和点滴进步，发现他们的优点，鼓励他们课堂上的发言互动，增强自信，鼓励他们自尊、自信、自立和自强，在身体情况有缺陷的情况下，提升综合素质，尽力做到全面发展。

也许是学习机会得来不易，“黑马”同学们对学习的态度很认真，令我很动容，同时同学们的自尊心强，也有一点小敏感。残障学生更关注自己，在意别人对自己的态度和评价，所以我们在教学的时候要格外用心，要转变教育观念，从心理上接受他们的不足，认可他们所具备的能力，并允许他们有“不完美”。张洪杰认为，要帮助残障大学生更好地融入社会，还离不开公众整体意识的提升。残疾人也是宝贵的人力资源，让他们接受高等教育，掌握一定的专业技能，是帮助他们回归社会和实现人生价值的重要途径。

爱心伴随听障生成长

药学院　马丽英

尽管有三十多年的教书经历，尽管做了充分的课前准备，但我第一次走进听障生课堂的时候，仍然感到紧张又惶恐。听障生，一个特殊的学习群体，和健听生同堂上课，怎么和他们交流？他们的学习基础如何？能否跟得上正常生的学习进度？如何因材施教，让他们各有所成？

为了不影响其他学生学习，也想检测一下孩子们的基本情况，首节课按正常进度进行，但发现大部分听障生反应缓慢或干脆一头雾水。课间一对一调查得知，这些孩子们大多毕业于特殊教育学校，因各种原因没怎么学习化学，个别学生连常见元素符号都不能识别，无法适应正常教学进度。课下我立即局特教学院汇报，领导们非常重视，立即申请将听障生单独组班上课，我也随即进行了教学内容和进度的调整。从元素周期表开始，我利用四到五次课时间，将他们的初中及高中化学进行了恶补，让他们熟悉生活中及体内存在的常见物质的元素符号、分子式和基本功能。先将他们的学习兴趣提起来，再慢慢讲解物质性质与结构的关系，常见化学反应、溶液的渗透压、酸碱性、体液中沉淀的形成与溶解、胶体的特性等内容，使教学内容紧贴专业培养目标。为了让每个孩子理解教学内容，我重新制作课件，将课堂上所说的每一句话尽量全部反映在屏幕上。在教学组织上，让听力较好和较差的学生、基础较好和较差的学生组成学伴，相互帮助；讲课时一字一句，尽量放低语速，同步语音翻译，一个知识点学完，立即进行练习，当堂辅导和检查每一个学生的学习情况；课下建立学习 QQ 群，在群中布置作业，让每一个学生的问题及时无障碍地反映出来，大家一起讨论加以解决。

给听障生上课，尽管教学进度可能无法按预定计划进行，但教学内容系统完整，每一个孩子都能在原有的基础上获得较大进步。看到同学们日益舒展的笑容，在课堂上积极热烈的发言，看到我飞奔来打招呼的亲昵，作为老师感到前所未有的欢欣和成就感。教过的每一个学生都在我心中留下了深刻的印记，记得第一届学生李浩，一开始基础较差，但学习勤奋刻苦，不懂就问，持之以恒，学期结束时期末考试得了九十多分；张倩，三年级了，还经常与我分享班里发生的趣事，取得的成绩；贾宾，班里的高才生；姚丽洁，性格内向，碰到理解不了的问题经常伤心难过，课间我会陪她坐一会儿，说会儿话；苑汀江、吴昊，动手能力特别好，实验技能非常棒；王璞，学习较真的好学生；杜雯、徐成，好学上进……，这些学生，就像自己的孩子一样，只要给他们阳光雨露，他们就会茁壮成长，带给你无限的惊喜。

三届过去了，听障生的课堂成了我成就梦想的场所，尽管为他们付出了很多，但与他们在一起，感觉由衷的快乐和满足。

述说特教

中西医结合学院　王馝恩

从 2004 年来到滨州医学院任教开始，就有接触到一些特殊的学生，或者在路上，或者在教室，会有一些同学坐着轮椅、拄着拐杖。看着这些身残志坚的学生，让人由衷地升起敬佩之情。后来，我得知这些学生是来自医学二系，也知道了原来学校自 1985 年已经开始为残疾人事业做出特殊的贡献，让身为滨医一员的我，油然产生一种自豪的情感。

后来在工作中，曾有一次聆听过一个关于阻塞性睡眠呼吸暂停综合征的报告，当得知报告者就是自己学校培养出来的学生时，尤为惊讶。报告者名叫韩芳，曾获“全国自强模范”称号。我想，只有优秀的土壤才能孕育出优秀的人才吧！我也为滨医的培养模式而深深感动！

之后，自己从事临床工作以后，又遇到了一个重症残疾的学生，这个孩子叫刘杨，患脊髓脊膜膨出，经历过几次手术，向我咨询了几次中医治疗方面的问题。随着交流的深入，了解的加深，我对他由原来的同情变成了钦佩。这个孩子，不畏自己的残疾，竟然发起并组织了全国首支大学生器官捐献志愿者团队。我想，滨医所培养的不仅仅是学术，更是精神，一种大爱的精神，滨医的“仁心”不是无水之源。

2012 年开始，我校首次面向视障考生招收中医学（针灸推拿方向）本科专业。作为中医的专业老师，跟这群残疾孩子接触就更多了。第一次上课时，我心中战战兢兢，不是因为专业知识的缺乏，而是因为怕自己一不小心带出来“看”“视力”“眼神”等词语，伤了这些视障生脆弱的心灵。但是，随着和同学们日渐熟悉，孩子们自信的笑容、跟我沟通医学知识时不避讳自己病情的陈述，让我意识到自己多虑了。这些孩子已经有了足够坚强的神经和意志，能够面对上天造人时给的不公。反而，由于这些孩子视力的缺陷，他们更能够专心于自己专业知识的学习。上课时，能够随着老师的思路积极进行思考；当老师提及什么问题时，总有学生能够和你应和。我常常说讲课的人是“疯子”，而且是“人来疯”，学生听课越认真，讲课的人也越有劲。我想，给这群视力障碍的孩子上课时，我是疯到极致的。

给特教孩子的课时虽然不多，仅仅 32 个学时，我却与他们产生了很深的感情。因为我讲完课后，还有同学抽空跟着我出诊或者请教各种问题。我常常以此教育自己所带的其他专业的学生，用这种身残志坚的精神鼓励身体健康的学生。“身残的学生尚能如此进取，身为正常的我们，有什么资格、有什么理由浪费时间、浪费生命，不好好学习呢?”我想，特教的学生更多地给予大家的是一种精神，一种滨医人坚忍不拔的精神。

每届学生毕业时，和老师都会互留联系方式，从原来最常用的 QQ 到现在流行的微信。虽然毕业了，但我也时时关心着这些孩子的动态，看到这些孩子的事业、婚姻美满，他们在异地的安好，让我们这些过往的老师也更加安心。

在带过的学生中，不乏特别优秀的学生。有的毕业自己开了中医门诊，每日颇有心得，在动态里分享着他的治疗经验；有的学生以高分考取了其他学校的研究生，为母校增光；有的学生奔波在“北上广”，为广大群众的健康服务。

近 40 年的滨州医学院的残疾人教育，也代表着滨医人的仁心妙术。仁心代表着滨医人对残疾人的仁爱之心；妙术代表着滨医的残疾孩子勤于学习，精于实践，勇于创新的精神。滨医对残障学生的爱必然也影响着滨医学生的“仁心”，滨医残障学生的自强不息也影响着滨医的学生不断追求着“妙术”。

在特教学院那些年……

特殊教育学院　李晓兰

最近跟朋友聊到工作、家庭，忽然又想起在特殊教育学院的日子，我们家先生说："那是很久很久以前的事情了，老皇历，不要翻了。"只是，谁人能知，那是魂牵梦萦的地儿。我想，这大概就是情怀。

我与特教的缘分起源于九年前的2012年，那时候，第一批视障生入学，对于他们的到来，大家充满了期待，想必多少也是有些忐忑的。而我，同样带着忐忑、期待，以及一点心疼和不可预料来到了特殊教育学院。

残疾人可以上大学，这在我过往的认知里是没有的，在这之前我们听到更多的是哪个孩子被退学、被留守甚至被家长抛弃。也是在这里，我才知道，在咱们国家，有一种学校叫"特殊教育学校"，有专门的盲校，还有他们专有的文字——盲文。现在这群在常人眼中特殊的孩子也可以像普通孩子一样上大学了，这不可谓不震撼我心。

而怎么迎接即将开学的视力障碍同学，那是群生活在黑暗中的孩子，无法想象他们的生活，我们要尽可能地给他们提供方便，还不影响他们的自我能力提升。我们摸索着，而现实却往往是始料不及的。

开学时看着学生家长临别时那依依不舍的眼神，我感觉着使命的神圣。在初始的过程中，我或多或少地以掺杂着心疼、怜悯的心态与他们打交道，在教学楼的走廊里，看着他们一往直前的背影，总忍不住发声提醒，别碰了，别撞了。可是，当你看到他们熟练地整理房间、照顾自己时，你会感叹，他们的能力远比你想象中更强大。

在与孩子们的相处过程中，有一件事，让我至今记忆深刻。军训，现今成了很多高中生、大学生的入学第一课，可是，视障人士参与军训，这可能是前所未有的。然而，在学院的争取和大力支持下，在我们可爱的人民子弟兵的努力下，孩子们叠豆腐块，踢正步，走方阵，啥都没落下。

众所周知，踢正步对每一步距离，抬腿高度都是有要求的，对于全盲的孩子来说，做到这一点，是非常非常困难的。教官为了给孩子们形成身体记忆，用绳子拉出了一条线，让孩子去感受那份高度。日复一日的坚持下，特教的孩子没有一个因为累、自己视力的不便迟到、请假，更没有一个因为刮风下雨，享受特权选择待在教室。他们做到了那一个个标准的动作，成功地完成了军训中的每一项任务。当特教方队正走过主席台时，步伐整齐划一，铿锵有力，震撼了在场的每一个人，那一刻的特教人，充满了自豪。这次军训也让很多孩子圆了自己这一辈子都无法实现的梦——军旅梦。他们那身残志坚的精神，给教官留下了深刻的印象。

我所处的岗位隶属于学工办，定位是生活老师，这个岗位似乎与传统的定义不同，不同于幼儿系统的生活照顾，习惯培养，也不同于宿管老师的每日查房，卫生督促，更多的是有一种大管家的感觉。但我们在生活上、学业上、心理上都竭尽所能地为他们创造更好的平台。

生活上，我们从宿舍的布置、安排，盲道的铺设，食堂的就餐等多方面给孩子做了充足的准备，只为让他们在融入校园的过程中找到那份熟悉和安定。孩子们在磨合中，逐渐融入了这个大集体。为了帮助孩子更好地了解烟台，融入这个城市，我们组织带领孩子们在海边召开烧烤派对，边感受习习海风的凉爽，边吃着美味的食物，岂不乐哉！

学业上，在配合任课老师的工作中，我发现由于经历以及成长环境的不同，造就了每个孩子的性格和为人处世方法的不同。他们难免地就会产生逃学、逃课的念头，这个过程中，我每天上课期间，及时查房，尽量避免他们睡过头影响上课。有时候我还会利用课间休息，充当一下"患者"，向他们请教相关中医知识，希望能从侧面促进他们的学习意愿。

在滨医，他们不仅实现了读大学的梦想，还有学生，在学院领导和学工办老师的努力下甚至修学了第二学历——法学。厚厚的法学资料，正常学生看了，都

会头疼，可是柏兴瑞、赵银利同学却生生地把这块硬骨头啃了下来，那时候听的最多的就是从资源中心传来的盲文打印机工作的声音，

特殊群体的心理状态，一直是我们最为关注的。平时，我们通过“手牵手”活动让他们感受来自社会的关爱。到了周末，我们会组织孩子们来到社区，给社区的老人送温暖，给他们做一些保健按摩，以此来回馈社会，从而圆满了孩子们那颗善良感恩的心。

这期间，这群孩子曾经经历了一次关于“生命”的命题。曾经朝夕相处的伙伴，曾经昨天还说好开学见的兄弟姐妹，却因为病魔离开了这个世界。孩子们对生命、对死亡产生了心灵的震撼，我们密切关注着每个人的状态，并多次邀请专业的心理老师给孩子们做团体心理建设，以此帮助每一个孩子顺利通过“生命”这一命题的考验。

特殊教育，是一个有针对性群体的教育，它跨涉了医学、教育、甚至哲学、运动学、心理学的范畴。最主要的是，它是一个跟随时代发展提出更高要求的教育，将来也会在生活中越来越被大众了解、接纳并需求。

就如随着生活、工作、学习压力的增加，每年因为长时间使用手机导致失明者不在少数。这群人该如何适应社会，他们的能力迁移、新能力的培养以及心理健康，也将是特殊教育系统需要面对并拿出解决方案的一个命题。

因此，我觉得不论是对特殊人群技能、学历的教育，或者是面对特殊人群的教育，作为特教人，我们要关注到每一个受教者身上看得见的缺憾，从而从行动、政策上给予更多的支持。另外，我们更要关注心理健康成长，做到特殊教育不特殊，尊重并接纳他们的与众不同，如待普通人那样去因材施教，授之以渔，帮助他们成长，进而成为拥有安身立命之本的“特殊”人才。

坚守特教初心，静待梦想花开

滨州医学院校团委　李水苗

自 2018 年初入职滨医之时，我才真正意义上开始接触和了解特殊教育。对特殊教育的初始印象，还停留在海伦·凯勒的《假如给我三天光明》中所勾勒的莎莉文老师让她触摸咽喉感受声带震动、放在嘴边感受说话气息的上课场景中，悠远却有些许震撼。但我深知，特殊教育是一场神圣而不可或缺的教育修行。特教院校用深沉担当为残障学子撑起一片梦想的天空，特教老师用深厚大爱让生命与使命结伴同行，残障学子用尽全身能量突破身体缺陷勇敢守护自己挣扎又明媚的梦想。倾注大爱的教育，绽放生命能量的拼搏，终将收获别样的芬芳。

一、特教学院：孕育梦想的殿堂，破茧重生的摇篮

每个人都怀有梦想，每个人的梦想都值得尊敬与捍卫。在中国，曾有无数残障青年在苦苦追寻自己的大学梦，却因招生体检条件的限制而无缘大学。是滨医勇开历史先河，让无数残障学子梦圆大学。1985 年，时任滨州医学院副院长的郭玮以拦车上报的方式会见了中国残障福利基金会负责人邓朴方。随后他 18 次去教育部、卫生部、民政部寻求支持，10 余次到省委省政府各部门请示汇报筹备工作，历经万分努力，捍卫了成立专门招收残障大学生本科系的萌芽想法，于 1985 年 9 月 2 日让梦想花开，迎来首批滨医残障学子。从此，残障青年这个群体的命运就此改变。这是滨州医学院历史性的一天，也是载入中国高等教育史册的一天，57 名残障大学生终于在此圆了大学梦！“医学的终点就是我们工作的起点”，这是怎样一份沉重而又神圣的事业。30 多年来，滨医特教人始终如一耕耘创新，始终坚

持以促进残障大学生康复和发展为核心，形成了具有滨医特色的“残健融合，教康结合，学用合一”的滨州医学院模式。“招收一个学生，幸福一个家庭，文明一个社会”，这是滨医特教的质朴初心，更是滨医特教的教育誓言。这里是残障学子破茧成蝶、涅槃重生的摇篮。在这里，有科学贴心的无障碍设施，有相对独立的生活空间，有暖心周到的校园服务，有滋养身心的校园文化，有启迪心灵的团体辅导活动，有大爱无私的特教老师。他们也许看不到花朵的芬芳，听不清鸟儿的鸣叫，但同样可以感知世界的芬芳和人生的精彩。正如伊藤亚莎所说：“无论使用鸟类的羽翼、昆虫的膜翅或者飞鱼的胸鳍，不都一样在‘飞翔’吗?”是的，我们都一样，他们在这里练就逐梦蓝天的矫健翅膀。

二、特教教师：克勤尽心，有爱无碍

与我同年入职的同事中，恰有几位年轻的特教老师，在她们身上，我近距离感受到了特教人所特有的深沉大爱。举手投足间，可以感受到她们自然流露的快乐和幸福。她们无一不把无私的奉献倾注于特教事业，在看似枯燥的无数次重复中感受到工作的幸福，他们对残障学子的尊重、理解和热爱，让我由衷敬佩。教育是一场静待花开的美好体验，而特教老师的爱是那么令人感动。我想，只有内心孕育着“爱”的特教人，才可能自发地散发出人性的光辉，才能自然、真诚地带给学生细腻的关怀。他们善于捕捉学生的闪光点，以诚心对待学生，以爱心感化学生，以耐心教育学生。黑暗中与学生一起守得月明，无声里与学生一起静待花开。“最好的教育方式是爱，最高的教育智慧也是爱”，是他们谱写了教师深沉的“大写”之爱。除了有爱，他们还有着深厚的专业素养，曾经在新职工培训时听过几位特教老师的课，他们讲授的专业知识通俗易懂，其中一堂关于自闭症儿童的课令我印象深刻，细腻又高超的教学艺术至今仍回味不已。特殊的职业，特殊的使命，是你们，用专业和热爱为无数残障孩子撑起一片梦想的天空。作为一名年轻老师，我也在时刻敦促自己不要停止思考，不要停止去爱，一边努力一边反省，争取早日做一名优秀的思政老师。

三、特教学子：循着心中的光，为梦想而战

我有幸在课堂内外认识了这群努力上进的学生们，曾给他们上过“毛泽东思想和中国特色社会主义理论体系概论”课，和他们一起完成了思政实践课微电影的拍摄，在单考单招的教室里为他们做过志愿服务，在大学生时政宣讲团的舞台上听过他们豪情满怀的宣讲，在毕业晚会的舞台上看到过众学子亲笔绘制的建党百年献礼巨幅画，在学习强国平台上看过他们倾情演绎的手语歌曲，他们比我们以为的努力更优秀，他们的故事也比我们想象的更动人、更励志。他们对来之不易的学习和工作机会格外珍惜，个个表现出非凡的奋斗和感恩精神。无光或无声的世界里，他们对艺术的感知、对情感的表达、对知识的渴求，都有一种高度的敏锐和期待。他们虽承担了与其年龄不符的沉重压力，却也收获了不凡人生的美丽际遇。这是一群充满无尽能量和无限潜力的追梦人，虽然身体有残障，但他们都是心中有光的人，循着心中的光，用努力冲破黑暗，用汗水浇灌梦想。

青春无边，奋斗以成。纵有不便，梦想常亮，守护他们的梦想，坚守特教初心，办好特殊教育，滨医一直在路上。

个性引领、特殊关爱，做有温度的教育

滨州医学院校团委　贾诗琦

我校自 1985 年起创办了我国第一个专门招收残疾青年的大学本科专业，开创了我国残疾人高等教育的先河。在 36 年的发展奋斗中，填补了全国医学院校开展本科层次视、听障生教育的空白。作为一名滨医的教师我深感荣幸和自豪，在传授知识和陪伴残障学生的过程中倍感光荣，也深知肩上的育人使命。

视障、听障学生通过单考单招跨入本科教育阶段。依托我校的医疗背景和医疗资源“量身定做”的专业课程，让同学们能够最大化地充分发挥个人能量，成为社会的栋梁之材。且由于每位同学的成长经历、知识背景，包括身体条件都有所差异，因此在教育的过程中，教师也尽可能地因材施教、一人一策，体现出学院的特殊关爱，更体现出对学生的个性化引领。学校从多角度、全方位注重残疾人教育，包括课程设置、学习效果、身心健康。最让我印象深刻的是，学校里面各种文体活动都有我们残障学生的身影，而且他们的表现都非常出彩，如宣讲团、歌唱比赛、运动会、配音赛，这里面不乏特殊的长跑健将和灵魂歌者。从这个角度看，学校非常注重孩子们的身心健康，从大学生发展的各个角度给予个性引领，充分体现了我校的人文关怀和特殊关爱。

虽然我加入滨医的时间较晚，对于特殊教育的理解还不完全，但是对于学校引领的特殊关爱教育非常认同，也在积极地融入其中。让我印象较为深刻的是学院选派有责任心的优秀教师担任助残辅导员，对残障学生的衣食住行及医疗给予高度的关注和帮助，当然更加注重在大学期间的文化知识学习、个人能力培养以及个体康复训练等，确保他们能够安全、愉快地度过大学生活。

从 2012 年学校首招视障生以来，学生群体中就加入了这样一群特殊的孩子们。视障同学的特点非常明显，在校园中也常常是三五成群地一起行动，他们挽着手臂有说有笑地漫步在校园里。尤为感人的就是这些视障生，真正接触了这群特殊的孩子，就能感受到他们的纯真、善良，而且意料之外的是他们特别开朗、大方、团结。在学校的各项活动中，他们也从不甘人后，任何活动都全力以赴、尽力而为。他们为了磨炼自己的手艺，甚至做出了正常人也难以做成的栩栩如生的串珠花和精工巧思的五彩绳，就连打扫宿舍内务，也是井井有条、干净整洁。在他们身上，永远都能看到自强不息、奋发成才的精神。在专业技能学习中，他们更是勤加练习、熟能生巧，已经可以在学校的明眸推拿协会为教师实战推拿。古希腊雅典城邦新喜剧诗人米南德曾经讲过这样一个名言：人在生活中遇到不幸，没有什么比一门技艺会给人更好的安慰，因为当他一心钻研那门技艺时，船已不知不觉越过了重重危难。视障的孩子们虽然学习生活中确实有很多不便，但他们并没有因为自身先天的缺陷而自卑或低落，反而更加珍惜生活、更加珍惜学习，每个同学都很有特点，而且富有才气，闲暇之余还会用优美的歌声传递友善与感谢。

作为思政课教师，我很荣幸可以接触到这群特殊的孩子们，我更多地思考课程的设置和教学形式的改革。怎么在教学的过程中能够体现出个性化的设定，对于特殊的学生进行特殊的关爱和引领，是我接下来要思考的问题。特殊教育虽然面临的是小众，但代表的是更加有难度、有温度的教育。特殊教育从我的理解之所以强调特殊，就是强调在普通大学生本科教育的基础上特别强调补充缺陷，在授业解惑的同时还能带去个性化的引领和特殊的关怀。很多课程不能通过传统的多媒体课件与教师讲授相结合的方法进行，但是这并不能作为课程达不到预期效果的理由。虽然不能像普通课程一样授课，但是却给了教师发挥、发散思维的空间。残障学生非常活跃，善于主动思考、积极表达，充分利用学生的积极性，不仅不影响传授知识，同时也能活跃课堂，让思政课程鲜活起来，有的时候听听同学们的故事和见解，教师也能深受启发。如何对课程进行个性化改革，值得常态化去思考。

国家、社会对于教育越来越重视，同时也越来越细化、完善，不同受教人群的特殊性和差异性都被考虑其中。这也恰恰是国家的整体战略布局的具体体现，优先发展教育，当然也会考虑到教育的全面性和包容性。在教育的路上，每一个人都不会被落下。特殊教育包含人文关怀和特殊关爱，但残人大学生缺少的并不是同情和怜悯，而是和普通大学生一样的待遇、权利和尊重，教师不需要透过怜悯的视角育人，而是站在学生的立场多去思考、发现学生的个性所需，从个性化的视角给予每位学生个性化的教育。高等教育培养并不能完善一个人，但却可以成就一个人，他们通过在高校中与普通学生共同学习、生活的机会，让自己的人生重新燃起希望。学校从课程设置到教学结构、方法进行不断地调整，以做到最大化的个性引领，不仅丰富了学生的知识体系，提高了技能水平，也给了学子探寻个人存在价值的机会。

青春榜样

QINGCHUNBANGYANG

站起来，是生命的精彩

——记“交通银行自强之星提名奖”获得者2010级临床医学龚涛

滨州医学院发展规划处　王友磊

龚涛是滨州医学院临床医学专业大二的学生，由于患有先天性小儿麻痹症，20多年来，龚涛一直都是用一种近乎爬的方式行走。进入大学后，在学校康复中心进行治疗与康复后，龚涛奇迹般地站起来了。龚涛：“站起来后看到窗外的景色真的很美。”

残缺的身体，并不妨碍他对梦想的执着；摇晃的脚步，并不能动摇他前行的决心。坐在轮椅上，他同样风华正茂，勾勒属于自己的绚烂春天。他就像郑智化歌声中的水手，“风雨中这点痛算什么，擦干泪，不要问为什么”，用最坚毅的面庞迎接风浪，用最饱满的热情期待朝阳。

一、苦涩的种子，却收获生命的温暖

龚涛出生在山东省台儿庄的一个农民家庭，九个月大就不幸患上小儿麻痹症，为了给儿子治病，龚涛的父母几乎尝试了各种办法，甚至明知是江湖骗术也不肯放过一丝可能性。这使原本就清贫的家庭更加困难，负债累累。轮椅和上学，对于那时的龚家人就像一个遥不可及的传说。于是童年对于小龚涛来说，是在妈妈教他认字的声音和无尽的爬行中缓慢度过的。直到小学三年级的年龄时，他才见到了学校的样子。母亲的点点滴滴，是龚涛生命中的烛光，照亮了起始的方向。到高中，龚涛有了人生中的第一把轮椅，虽然轮椅简单、简陋，却足以让他欣喜。高中的时候，因为用不了拐杖，龚涛都是用一种近乎爬的方式行走，每次上下楼

甚至去厕所都会有好心的同学去背他。有一次期末考试，离开考还有十分钟，龚涛突然肚子疼，想上厕所。当时考场在四楼，厕所在一楼，一个身体瘦弱的同学背着他。“可能是因为着急，走到三楼的时候，一脚没踩稳，两人从楼梯上滚了下来，正好压在了他的腰上。”现在回忆起来，龚涛都显得很内疚，“那个同学爬起来说‘没事’，又继续背着龚涛走下去。但是考试结束之后，那位同学因为腰摔伤了，在床上整整躺了四天。”为了不麻烦家人和方便学习，行动不便的龚涛选择住校，但他从未抱怨，命运的冰冷从来不在他眼中，他看到的总是那些被格外给予的温暖和帮助，感恩，默默收在心中。

二、站起来后看到窗外的景色真的很美

一样的大学，不一样的人生，大学并未对他们这群人放松要求。依靠别人的生命是软弱者的生命，肉体上的残疾不应该亦成为他们精神上的不足，因此学校要求特教学生们自理生活，自己上楼走路，但这无疑对彼时还不能直立行走的龚涛是一个天大的难题。每天上课，穿行在无数双腿修长健美的健全人中扶着脚近乎爬行上楼的行为让龚涛心里产生了不小的自卑，强烈的自尊心让这个一直很坚强的男孩儿也一度陷入阴影。后来在学校领导老师的介绍下龚涛去康复中心装了两条肢具；那无疑是龚涛人生中最难忘的日子。连妈妈也特地从乡下赶来。海滨傍晚的夕阳分外迷人，微醺的霞光笼罩着母子二人的身影，就在那一刻，爬行了二十多年的他终于能双脚站在了土地上。泪水瞬间冲刷过他年轻的脸庞，被夕阳折射出幸福的光彩。终于能站起来了，但是要拄拐行走还是难题。不愿过多地麻烦别人，龚涛选择每天自己早起半小时拄拐练习。笨拙的动作一遍遍不厌其烦地重复，多少次他重重地摔倒在水泥地面，鼻青脸肿；多少次咬牙爬起，再接再厉。甚至有一次，他从楼梯上滚下来足足在床上躺了 11 天才能下床。然而一能下床，他就又“好了伤疤忘了疼”地拄着拐练起来。六层实验楼，一层 28 级台阶，他就这么一级一级地数着前行，2：30 的实验课，他要 12：40 出发才能赶上预备铃。即便在北方寒冷的冬天，走入教室也至少有两件衣服被汗水浸透，湿冷地黏在身上。就是这样一步步地认真练习，他终于能自如地运用双拐。

三、大学，人生之路就此起航

生活节奏逐步步上正规，龚涛的学习也从未落下。说到不久前拿到的省政府奖学金，一向大方幽默的他腼腆地笑了笑，坦言自己其实没有好方法，只有笨办法，“我比较笨，属于勤奋派，一遍我是不会的，所以我就一遍又一遍地看，直到记住为止。”在校园里，每天早晨6：00之前晚上10：00之后总能看到他学习的身影。书本和课件被他研究了一遍又一遍，别人的MP3里都是流行音乐，打开他的，几乎全是英语听力和课文，甚至有的英语课文他听过27遍。“我英语成绩不好，发音也很土，我也不会别的方法，就一遍一遍地听读，尽量做到和光盘里的语速发音一致为止。”他自然地说着这些话，浑然不觉得这是一件多么需要毅力和恒心的事，足以让绝大部分所谓的聪明人汗颜。也是凭着这份勤奋和刻苦，他一直都保持着班级第一的成绩。除了课本上的知识，他还积极从各方面汲取医学知识。图书馆里的医学前沿期刊是他最常翻看的书，不只是草草掠过，他是认真地思考，还会拿去同自己的老师一起讨论。他是真正带着梦想和憧憬而学习的行者，对于他而言，成绩只是学习的一小部分，知识从来不是为了考试而学。他学，只是因为他爱，爱这个专业，这个学科，如此而已。

四、远行路上，担起自己那份责任

挫折和不公并没有让龚涛变得一味敏感而脆弱，相反，他努力让自己更为乐观和坚强。他不愿被贴上特殊的标签，他希望自己的存在不仅仅只是向身边的人寻求帮助甚至带来麻烦，他用笑脸化解身边人的担心，用各种活动和兴趣爱好点亮青春。他擅长辩论，在2011年担任校辩论队队长，在“港城之辩”比赛中多次拿到最佳辩手。他又是象棋爱好者，在学校的棋社还做过社团顾问，在方寸木格中指点江山，挥斥方遒。学校举办的棋王争霸赛，他一举拿下一等奖。然而他最爱的，还是他的相声创作。龚涛很喜欢相声，因为可以给身边的人带来欢乐，这会让他有一种饱满的幸福感。因为，这表明自己的存在是积极的、正面的，自己能给予别人好的力量。他希望自己的相声能传达出一种乐观、自强不息的精神，在大家疲惫的时候放松一笑，然后鼓起动力继续加油奋斗。大学两年，他已经创作出多部深受广大师生喜爱的相声作品，尤其是新作《文明宿舍那点事》，更是在第五届全省宿舍文化节上获得了原创作品一等奖。荣誉的路途还有很远，他多次被烟台日报社《今晨6点》等刊物报道。

从不能自理到热心地帮助别人，从徐徐爬行到而今梦想在握，踏浪远行。这不仅仅是时间的流逝和年龄的增长，这更源于龚涛本人的坚强、自律、乐观和向上。正如那首在他MP3中永远不会删去的歌，“他说风雨中这点痛算什么，擦干泪不要怕，至少我们还有梦”。

他是勇敢的水手，纵使海阔天长风高浪急，也永远不会半途返航，绕不过去的风浪，那就一往直前劈开它罢。纵使无数次面对黑夜的漫长和伤痛的侵袭，也总会在看到崭新的阳光时爽朗大笑。人生苦短，乐难顿段，得乐时零碎乐些，若是能让别人也随之一乐，那更是再好不过了。这便是龚涛，站起来，他是远行路上的追梦者，命运给了他残缺的翅膀，而他却用它努力飞翔！

用毅力之光驱散生命的黑暗

——记创新创业项目“明眸推拿”负责人2012级视障生赵明

特殊教育学院　曹同涛

一方水土养育一方人，千年山城文化造就了他优秀的品质。他是这样一个年轻人，身有残疾，却没有自暴自弃，他相信“仰天大笑出门去，我辈岂是蓬蒿人”；他是这样一个年轻人，历尽坎坷，却没有怨天怨地，他选择用微笑面对一切；他是这样一个年轻人，自立自强，勇于担当责任，在服务社会中蜕变成长……，他用毅力之光驱散生命的黑暗，他始终相信有梦就会有奇迹。生命以痛吻他，他却报之以歌。他，就是滨州医学院特殊教育学院2012级学生赵明。

一、求学路——不屈的意志

在滨州医学院的校园里你会看到这么一个人，他借助他人的声音感受港城的美景，用百倍的努力谱写大学的华章。他脸上始终洋溢的微笑，展示出大学生的蓬勃朝气与斗志昂扬！虽然先天视力问题让他无法看清这个世界的五彩斑斓，但是心中的理想一直为他指引生命的航程。他就是滨州医学院特殊教育学院2012级针灸推拿专业的赵明。

赵明来自美丽“雾都”重庆的一个普通农民家庭，他与生俱来的视力问题，让这个本不富裕的家庭雪上添霜。父母为了给他治病，早已负债累累。然而命运就像和他开了一个巨大的玩笑，在他完成12年的拼搏，和同班同学一起参加当年的普通高考时，由于发挥不理想，他不得不与大学失之交臂。

在亲戚的推荐下，他去河南洛阳学习推拿技术。当时已经快到冬天了，初到北方的他没想到那里的天气那么冷。由于行李特别单薄，父母给的生活费也不多，所以用来御寒的只有培训机构发的薄被子。为了锻炼手指的力量，他们每天都要早起做俯卧撑和指卧撑，尽管手上长满了冻疮，却还要把手摁在冰凉的地上，坚持锻炼。风一吹，伤口像刀割一样疼，但是他还是咬牙坚持了下来。当自我感觉技术足够纯熟时，他向家里要了500块钱，满心希望地和一个同伴去上海找工作。

那是他第一次去上海，在那个繁华大都市里，他头一次体会到彷徨和无助的滋味。虽然他们马不停蹄地找了两天工作，但是却没人肯接受他们。上海的消费特别高，连喝瓶水都要3块钱，没钱住旅社，他们不得不在大街上过夜。失落之余，执着的赵明还是决定再试一次，如果还是不行，就打电话向家里要路费回家。也许是苍天怜悯，第三天他找到了一个做团购的公司，由于公司人员紧缺，他们答应让赵明留下来。虽然生活拮据，但在那里他学到了很多有用的技术。

日子就这般不紧不慢地过去了半年，有一天他在网上得知滨州医学院开始招收视障生的消息。在得到父母的支持后，他满怀欣喜地报名准备考试。由于高考要考理科，这对于身为文科生的赵明来说，无疑又是一大挑战。但是他并没有退却，在父母朋友的鼓励下，去重庆特殊教育学校进行补习。他深知这是他人生的唯一机会，因此不敢有一丝懈怠。他在一个月的时间里复习了高中三年所有的课程，并于2012年，以他们学校第一的优异成绩考入了滨州医学院中医学专业（针灸推拿方向）。

2012年9月，怀揣着家人的希望，带着朋友的祝福，携着自己的梦想与激情，他跨进了滨州医学院的大门。温馨的宿舍、宽敞的教室常常让他回想起曾经经历的苦痛与挣扎。而现在的赵明却要感谢那些过往，把它当成人生旅途中一道难以磨灭的风景。

二、自强心——用汗水诠释明天的精彩

美国总统罗斯福说："实现明天理想的唯一障碍是今天的疑虑。"在这种信念的指导下，他卸下包袱，一路向前，不断地获取更多的知识，只为不辜负默默为他鼓劲的亲人朋友和曾经那么辛苦的自己。

天行健，君子以自强不息；地势坤，君子以厚德载物。赵明说，作为一名学

生，学习永远是第一要务；作为医学生的他们，更需要认真学好专业知识，为以后的工作打下坚实的理论基础。开学初，他就严格要求自己，刻苦钻研专业知识，不断提高实际动手能力。他认为学习的秘诀在于交流与分享。与老师激烈讨论，向同学虚心求教，高效学习，快乐学习的方式与他坚持不懈的努力，让他以班级成绩测评第一、综合测评第一的成绩，获得了王琦助学金和国家励志奖学金。并且，通过努力他于2012年成为入党积极分子。又通过自己不断的努力，于2013年荣获“十大团员标兵”称号，但是他没有因此而骄傲，仅仅把它当作自己的跳板，激励自己取得更好的成绩。

在学好专业知识的前提下，赵明也不忘全面发展自己。赵明一直以“静以修身，俭以养德”的原则要求自己，勤俭节约，艰苦朴素。在日常生活中，他严于律己，宽以待人，养成了良好的生活习惯，培养了较强的交际能力。在日常工作中，他脚踏实地，认真负责，在与同学相处过程中，养成了批评与自我批评的优良作风。

作为视障班的班长，为了让大家更好地融入大学生活，他组织举办了很多生活方面的活动，如中秋节晚会，让同学们在学校感受到家的温馨，加深同学间的感情。在生活中，他尽最大努力去解决每一位同学的难题，让每一位同学都能正确认识自己的优点和不足，便于以后更加长远的发展。作为院学生会学习部部长，他不辞辛苦、任劳任怨，通过举办辩论会、名师访谈等活动，让特教学院走进更多人的视野。值得一提的是，他在2012年创立了“明眸推拿”协会，为全校学生提供了一个推拿技术学习与交流的平台，让大家拥有更多的实践机会。作为明眸推拿养生中心的负责人，他在面向全校师生按摩服务中并取得了不错的成绩，充分做到了理论和实践的结合。在暑假期间，为了缓解父母的经济压力，他远赴上海打工。在此过程中，他不但了解了社会，锻炼了自己的能力，而且储备了更多的实践经验，让他在以后的学习中能更好地完善自己。

三、奉献——用双手传递爱的温暖

时光飞快，转瞬已逝，在一年半的时间里，赵明依照自己的原则与信念做了大多数同学都没有想过的工作。他非常自豪地说：有一种生活，我经历了我知道其中的艰辛；有一种艰辛，我体会了我知道其中的快乐。这种生活就是服务他人的生活，这种快乐就是志愿服务的快乐。我做了，我快乐！”

第一次的尝试是在黄海城市花园义诊活动，小区里大爷大妈的欢快笑容和感激的神情还有由衷的赞叹都是对他付出最高的评价。有了第一次的感动和支持，赵明又组织了面向同学们的校内推拿义诊，用所知所学服务身边所有的同学，并不乏有志趣相投的人相继加入这个团结向上服务他人的大家庭。面向老师的明眸养生中心推拿服务也仍在继续，以缓解老师们的疲劳与亚健康状态为宗旨，一路向前。关爱老人是中华民族的传统美德，而现在很多老人的健康问题并不能得到很好的重视，赵明考察并寻找到了工伤瘫痪的老人，每周都来进行服务，不管自己学业多繁重，工作多忙碌，都会准时到达，并送去他能给的温暖。他说：“希望我的推拿能够给这些瘫痪的老人一些康复的希望，能够缓解他们的病痛和改善疾病的症状，那些老人也是殷切地盼望我的到来，就像盼望自己的儿女一样，这着实让我感到欣慰。”在大学期间，赵明用他的行动和奉献精神感动了许多人，于2013年荣获“青年志愿服务优秀个人”称号，他一直在用行动勾勒着爱的同心圆。

四、不屈——张扬青春活力

在学习工作之余，赵明还积极参加各种活动，最让他骄傲的一次就是参加市残运会盲人门球比赛。这对他来说是一次非常难忘的经历。他为运动会做了很多的准备，正当他信心满满想要去参加比赛的时候，突如其来的大雨让人措手不及。有人说要不就算了吧，有人说去了也不一定能拿到好成绩。几乎所有人都劝他放弃，赵明却依然坚持去参加了运动会，在风雨中完成了这次运动会，并且取得了三等奖的好成绩。这就像人生旅途一样，也许总会有意想不到的困难，但是，只要选择了梦想，便只顾风雨兼程。

约翰逊说，人的理想志向往往和他的能力成正比。尽管生活给了赵明苦难和挫折，但也给了他战胜它们的信念。赵明将会一如既往地奋斗下去，挟裹着风雪一路前行。

以我脱落的光明，照耀盲人事业的发展

——记创新创业项目“黑暗体验”负责人 2013 级视障生王彦龙

特殊教育学院　曹同涛

“纵得天之不公，昭昭然无所相妥。今以我脱落之光明，唤醒心中不屈的猛龙，我亦将抗争之心咆哮成奉献的光点，去照耀盲人事业的发展道路，无悔于此生。”他就是王彦龙，山东省滨州医学院特殊教育学院的一名普通学生。他心怀光明，摸着黑走在不普通的路上。

一、命运判决他“全盲”

王彦龙出生于 1992 年，是河北省邢台市平乡县常河镇贾村人。他初中时头部曾被撞击，此后便睹物不清，诸色难辨。父亲晴天霹雳，急忙携他到当地医院一一寻访，无奈当地医院皆无完备的医疗条件，以致难以确诊。添之家中贫穷，病症一拖便是好几年。此后，王彦龙不仅饱受着眼疾之痛，更又尝到了休学之苦。视力每况愈下，直至全盲！

2009 年，万般无奈下父亲四处筹款，带他去了北京就医，大夫才确诊他是因碰撞导致的视网膜脱落，由于脱落时间太久，早已失去了最佳治疗时机，这一残酷事实成了一家人的噩梦。王彦龙为了不让家人担心，逼自己笑着接受它，而这一笑，让他一直顽强地坚持到现在，甚至将来。

从北京回到家，王彦龙开始了漫无目的的生活。人说，上帝为他关闭了一扇门的同时，也必为他打开一扇窗。

二、光明鼓舞他渴望

正在努力适应盲人生活的他，一次偶然听到中央电视台播出了一个人物专题片，了解到盲人女青年吴晶的故事。他很受鼓舞，对命运的抗争与对光明的渴望，也由此开始。

几经辗转联系，他成了张家口特殊教育学校的一员，几年后，王彦龙学会了盲文，并于2010年考入了全国最好的盲校高中——青岛盲人高中。高中三年中，他成绩优异，靠着咬牙坚持拿到的奖学金与国家体恤的助学金养活着自己，并在2013年被招收视障生的滨州医学院、长春大学、北京联合大学同时录取。

三、英语重塑他“眼光”

上天脱落了他的光明，他只拾起光屑把心装点得透亮，明净澄澈，使自己看得更久远。

高中期间，王彦龙就意识到了英语的重要性。他明白想要走出去，想要了解外面的世界，英语是第一步。于是在一位美籍华人的帮助下，他参加了由美国哈德利（Hadley）举办的英语学习班，认识了很多志同道合的外国朋友。从此，他开始用长途电话进行口语学习。此段历程非常艰辛，有时候甚至一小时只能说出一两个单词。但王彦龙最终还是挺过了难关。在他的英语计划之中包括早上听英语新闻，中午英语讲座，晚上从7点开始听英语播音，一直听到23点，每天都不少于7小时。他模仿播音员发音，把英语单词用盲文记在纸条上随身携带、背诵记忆。

皇天不负苦心人！2012年4月，美国Hadley在中国举办全国英语翻译大赛，他获得了全国第三名的成绩，并获得了“荣誉学员”的称号。2012年6月他参加“青岛市英语演讲大赛”，获中学组个人第二名，团体第一名。2014年5月他参加滨州医学院“大学生英语风采大赛”，获得三等奖。

四、梦想指引他起航

中国盲人的就业渠道十分狭窄，除了按摩，其他方向少之又少。无数思想与能力兼备的盲人，怀揣着满腔热血拼搏，可当他们步入社会之后，残酷的现实往往拒绝了他们，迫使梦想夭折。现状如此残酷，王彦龙的脚步却坚定如初。在一次“大学生创业挑战杯”中，他带着自己年轻而又富有活力的团队首次出现在大家面前。这个团队有很明确的理念，就是要改变国内盲人的发展现状。他和他的团队通过对世界盲人发展现状以及中国盲人就业情况的详细分析，创办了一个独特并富有生命力的项目，名为非视觉健心——黑暗体验，心灵之旅。当他向别人介绍这个独特的理念，别人不理解，甚至嘲笑他时，他微笑犹在。成功始终眷顾有才华的人！2013 年他在“大学生青春挑战杯”中获得了全校第二名。2014 年他在“新天地创业杯”中拿到了全校第一名。烟台市莱山区政府举办的“大学生创业杯”中，他获特等奖和 5 000 元奖金并且得到了一系列媒体的关注。在今年的第 24 个全国助残日上他所领导的项目受到了残疾人创业孵化中心的支持，并获得了立项，得到了 20 000 元的启动资金。

此山虽高，但还有更高的山峰等着他去挑战。在调查国内盲人的现状中，他明白对于盲人融入社会遇到一系列的问题。全盲的他迫切想要接触社会，暑期社会实践无疑是最适合的平台。盲人迈出校门去社会实践，这第一步，迈得谈何容易，他脚下的每一步都充满了未知和坎坷。经过详细讨论后，他决定申请一个视障大学生社会实践团队，让更多社会人去了解、知道这个群体。2014 年 6 月，他带领的团队成功申请到了我校唯一的“国家级重点暑期社会实践团队”。2014 年 8 月 3 日，他带领的团队远赴我国的西部青海服务社会，为当地的少数民族服务，受到了青海电视台生活频道晚间新闻的报道，并在《西海都市报》等一系列当地媒体上报道。他用自己的亲身经历大声地告诉社会：盲人大学生王彦龙此刻站立于此，将要散发光明，服务社会。这是国内盲人大学生团队参加社会实践的先例，扩大了滨州医学院在我国西部的影响范围，并建立了我校在西部的社会实践基地，填补了特殊教育在西部发展的空白。

他在此次社会实践成果展中拿到了全校一等奖。他所带领的团队被评为“山东省优秀社会实践团队”，且得到了山东省社会实践“先进个人”的荣誉称号，这也是国内首个盲人大学生获此项荣誉。

五、光明亦为他号召

由于国内盲人的发展就像小孩刚学走路，想要谋求国内盲人群体获取更好的发展空间，就要向国际组织学习，学习发达国家的一些理念。在一次与一位美国朋友的交流中，他得知，一个由30多个国家参与的、由世界盲人协会举办的亚太区中期会议中有一个青年论坛项目，这个项目致力于改善世界各国弱势群体发展。于是在2014年7月，王彦龙带领他的团队参加了这个项目征集活动。经过一系列的努力，他的项目在30多个国家的参赛选手中脱颖而出。2020年11月20日，他带领团队远赴香港参加了这个会议。在大会上，他把自己改善国内盲人事业的理念与各国专家交流。这些人士有的是联合国无障碍的负责人，有的是亚太区的盲协主席，IBM的无障碍总监……王彦龙对国内盲人事业发展的热忱感动着每一位和他交流的人！

改变一个人的生活也许很简单，但要为一个群体的发展做出贡献需要社会上更多的人去奉献，去努力。虽然这个青年生活在黑暗中，但他却用自己的心灵之声呼唤着更多人前来参与，去为无数黑暗带去光明！他是大学生盲人团队的引领者，是一个不屈于命运安排的有心人，是在黑暗中战斗至今的勇士。

追逐，让梦想之花绽放

——记山东高校“十大优秀学生”2013级视障生杨淇钧

特殊教育学院 李敏

2013年的秋天，滨州医学院的校园里，又迎来了一群特殊的孩子，他们身处黑暗，却心怀梦想，不畏艰险，敢于拼搏。而在这其中，有这样一个女孩，她看似瘦小，但性格刚强，爱说爱笑，骨子里带着一种坚忍不拔、勇于挑战的特质。她乐观、积极、向上，奋斗改变命运是她的人生哲理，她就是2013级中医针灸推拿班学生杨淇钧。

一、自强不息，铸就坚强意志

22年前的一个炎热的夏天，伴随着一声啼哭和家人的欢笑，一个幼小的生命诞生在一个普通的家庭里。一家人的生活虽然过得平淡，但女儿的降生给这个家庭增添了欢喜和希望，然而好景不长，命运却向她开了一个不小的玩笑。一岁时，家人发现她还不能像同龄的孩子一样认清眼前的事物，他们开始担心起来，而医生给出的诊断结果是先天性的视力发育不全，所有人都无法接受这个残酷的现实，这一晚，晴天霹雳的雷声打破了这个原本平静的家庭！从那时起，她便在父母的陪同下走上了漫长的寻医问药之路，但结果始终是一个——没有任何医院、任何一位医生能够医治她的病，只能任由其发展。但是，父母并没有因此而放弃对她的教育和培养，母亲多次放弃优越的工作机会，决定留出更多的时间用自己毕生所有的精力培养女儿！他们一直坚信，杨淇钧能够和正常孩子一样学习和生活。

时间的车轮在不停向前滚动，道路难免有些坎坷。从小到大，她从不会因为自己的残疾而认为与别人不同。命运的不公让她拥有与生俱来的坚强与自信，为了能够与同龄人一样学到更多的知识，掌握更多的技能，她必须利用自己的课余时间来加大学习量，要比其他同学付出更多努力。父母为了不让她输在起跑线上，各方面都对她严格要求，四岁起学习钢琴，而由于视力的原因，她不得不将钢琴谱子放大成原来的二至三倍，并在老师的指导下，逐个对音符进行唱读后再反复练习。就这样，她凭借自己的努力和家人的支持，成功通过了全国八级和山东省九级的钢琴等级考试。学习方面她也不甘落后，从小到大，她都在普通学校就读，即使坐在第一排，也无法看到黑板上的板书，只能在同学和老师帮助下，凭借听力和记忆力，将老师课堂上的知识一点一滴地掌握。多少不眠夜，多少次的心力交瘁，发黑的灯泡和被泪水浸湿的枕头是她的陪伴，一沓沓试卷和一张张荣誉证书是她的收获。生活中的强者从不会向命运低头，树上新鲜的绿叶凝聚着她对未来生活的全部情愫！

最终，她凭借自己的努力和老师的帮助，在中考、高考中屡次取得佳绩，考上了当地最好的中学——烟台一中。即使这样，她从未骄傲过，为了圆自己的大学梦，她不断拼搏着，开朗幽默的她始终相信，总有一天，上帝会被自己付出的一切所“感动”！

二、彼岸花开，终圆大学梦想

12 年的付出与努力，只是期望能够圆了自己的大学梦，但是，命运又一次难为了她，身体的残疾又成为她人生路上的一块绊脚石。视力的缺陷，她无法与其他同学一起参加全国统一高考，更无法选择学习自己喜欢的专业，这让她很沮丧，为什么上帝对她如此不公平！难道她就要因此而放弃十几年的努力吗？不，她不相信也不愿意！

俗话说，机会总是留给有准备的人，时光老人不会亏待追逐太阳的勇者。2012 年底，一个偶然的机会，她获知全国已有三所高校（长春大学、北京联合大学和滨州医学院）面向全国招收视障学生，并专门针对视障生设立单考单招考试制度。这让她欣喜若狂，自己多年的努力终究没有白费，学习中医，成为一名崇高的医者一直是她的梦想！

寒窗苦读十余载，金榜题名望今朝。2013年的4月，在老师和家人的鼓励和陪同下，她奔赴北京参加了全国统一的视障生单招单考考试，并以全国第一名的优异成绩被滨州医学院特殊教育学院中医学（针灸推拿方向）专业录取。那一晚，她彻夜未眠，皎洁的月光照进屋子，渗透到每一个角落，梦想之花在此时此刻悄然绽放！同年9月，带着家人和朋友的祝福，怀揣着梦想，她迈进了滨州医学院的大门，宽敞明亮的教室，清新优雅的白矾湖，美丽宜人的百草园……就这样，她在这里开始了自己五年的大学学习生活。

三、与爱同行，彰显道德力量

或许只有在雨中饱受淋漓之苦的游子才晓得有人给撑把伞的真诚。大学生活的丰富多彩让她逐渐开朗起来，不再害怕自己有什么不同，虽然从小遭遇不幸，但她从没有忘记帮助过她的人，让她常怀着一颗感恩的心。她所在的班级——2013级中医针推班，是一个特殊的群体，班级中的24位同学都是心怀梦想，自强不息的视障大学生，他们身残志坚，不畏困难，面对生活，乐观向上。但是，对于从小在普通学校长大的杨淇钧来说，仍然无法想象，完全没有视力的他们是需要客服多大的困难才走到现在！

于是，她决定，做一名有爱的志愿者，帮助自己身边的同学。在老师的鼓励和帮助下，她加入了学校“滨海天使”志愿服务队，成为一名光荣的志愿者。同时，作为针推班的团支书，她带领全校200多名志愿者，与特教学院的同学们结对子，工作中的困难与辛苦没有让她退缩，反而愈战愈勇。在这期间，他们组建了“争渡识图”志愿服务队，专门为视障生服务，并开展了“全国盲人节”手拉手爱心活动、“魅力滨医”游校园活动、“我是你的眼”观看电影活动、“与爱同行，回家的路上有我陪伴你”送视障生回家等一系列爱心志愿服务活动。得到了学校领导老师的高度好评，并在全校范围内产生了不小的影响。

除了校园内，作为一名队长，她还带领志愿者们奔赴于社会中的各个领域，开展爱心志愿服务活动，服务领域涉及敬老爱老、扶残助残、关爱特殊儿童、导医导诊等多个领域，服务多达150余次。杨淇钧在实践中充分展现了自己的风采，并获得2014年度滨州医学院青年志愿者先进个人称号。此外，她多次代表服务队接受媒体采访，将滨医青年的良好道德风尚充分展现出来，并使得“滨海天使”家喻户晓，得到了社会各界的广泛认可。2015年8月，她带领团队成员参加了山东省青年志愿者项目大赛，以“点亮心灯，爱不孤独”关爱自闭症儿童一课题荣获山东省银奖，出色的表现和精彩的讲解得到了评委老师的赞扬，并为学校争得佳绩！此外，假期期间，她参加了山东省大学生2014年残疾人状况调查社会实践活动，并获得优秀奖。

四、求真务实，践行时代责任

学生会是她在大学里的一片深爱着的“家园”，这里有一群互相帮助，团结友爱的伙伴，从校学生会社会实践部副部长到特殊教育学院学生会主席，她始终把工作放在首位，克服自身种种困难，将工作做到最好。她经常因为工作忙而没有时间吃饭，因为一份即将上交的材料而彻夜未眠。近三年的学生工作经历让她变得成熟、稳重、大方。在这期间，她与校团委老师和同学们一起连续两年组织举办了我校“三下乡”大学生暑期社会实践活动。连续两年参与我校教育与康复论坛会务工作，在我校残疾人高等教育三十周年庆典上，她与老师一起忙前忙后，服务接待来自全国各地的校友、专家以及媒体记者。同时，为了响应党的十八大的号召，践行社会主义核心价值观，学习和宣扬中华民族传统文化，2015年5月，她带领学生骨干们成功创办了首届滨州医学院“中华情，家乡美”传统文化宣讲比赛，让中华民族传统文化渗透到滨医校园的每一个角落。

身为班级团支书，她积极带领和组织同学开展各项主题团日活动，与同学们一起参加学校各项科技创新、知识竞赛等课外活动，先后获得了“ON THE ROAD”英语风采大赛校三等奖，“挑战杯”大学生创业大赛校二等奖，“三下乡”大学生暑期社会实践活动校二等奖，“五彩滨医学生汇”素质拓展活动校二等奖等多个奖项。此外，她突出的表现深得学校领导老师和同学们的赞扬，并获得滨州医学院2013年度“优秀团干部”、2014年度“十大优秀团员标兵”等荣誉称号，她所领导的团支部获得滨州医学院2014年度“五四红旗团支部”、滨州医学院

2014~2015 学年“先进班集体”等荣誉称号。

不光工作认真，在杨淇钧看来，一个好工作团队的诞生，不仅需要领导者具备良好的工作能力，更重要的是让团队里的每一位成员都感受到自己的存在感和价值感。因此，她将“团结、互助、诚信、奉献”作为学生会工作的宗旨，“不忘初心，方得始终”是她的工作理念。

五、开拓创新，展现学子风采

坎坷的经历使她更加珍惜这来之不易的学习机会，她时常告诫自己，一切还没有结束，自己的奋斗之路才刚刚开始。工作和生活压力的繁重并没有使她因此而延误了学习，她始终没有放松学习态度，如高中一样保持良好的学习状态，认真学习专业知识，并借助助视器、放大镜、录音笔等各种辅助器材，不断提高自己的专业素养和专业技能，连续两年综合测评均为专业第一，历年获得校级一等奖学金及“校级优秀学生标兵”荣誉称号，并获得“文杰自强”一等奖学金、“真情三实”奖学金等多项荣誉。

学习的扎实严谨，工作的认真负责，性格的积极向上让她再一次超越了自己。2015 年 6 月，香港失明人士协进会主席庄陈有先生首次来我校选拔优秀学生，参加香港中文大学交流学习项目，杨淇钧出色的表现深受来访的香港老师的高度赞扬，并有幸作为我校学生代表，奔赴香港中文大学、香港大学以及香港失明人士协进会，参加了为期 11 天的交流学习活动。这也是我校学生第一次参加对外交流访学活动。活动期间，她与香港中文大学的在校研究生一同参加各种专业课程，例如中医学内经课程、英语“SI Translation”课程、管理学“Human Resource Management”课程等，并就我校中医学（针灸推拿方向）的特色和学术情况与专家教授进行了探讨和简单的学术交流。同时，她还有幸在中文大学各部门老师的陪同下与香港中文大学校长沈祖尧先生、香港失明人士协进会主席庄陈有先生以及香港大学学生处处长周立伟先生会面座谈，并就下一步中国残疾人高等教育与就业发展问题展开讨论，为今后进行长期友好合作打下了基础。

除此之外，她还走访了香港失明人士协进会，借助自己的成长和学习经历将大陆与香港的残疾人教育与就业状况进行了调研，并很好地将大陆文化展现给了香港的视障学生。这也从另一方面拉近了香港残障人士与大陆残障人士的距离，为香港失明人士协进会在今后大力支持我校残疾人教育与就业的发展做好了铺垫，有助于针对视障学生的特点展开个性化支持援助，摆脱视障人士只能从事按摩推拿这一狭窄行业理念，帮助更多的同学拓展自己的梦想。

两年多的大学生活让杨淇钧成长了许多，学习了许多，成熟了许多。从学习生活到学生工作，从科技创新到志愿服务，一点一滴的积累让她对人生有了更深的认识。在经历过常人无法想象的挫折和失败之后，慢慢地，她对“残疾人”这个词有了自己的理解：一个人对于自己的生老病死或许无法去掌控，“残”是因为疾病，但只要自己的灵魂还满怀着追求和希望，满怀着爱与责任，那就是一个完整的人！

在班级日志中她留下了这样一笔：“此时的我们就好比是一艘航行在茫茫大海上的小船，而学校与社会就是为我们指明航线的灯塔，但路途遥远，困难与挫折时时存在，最终会不会达到成功的彼岸，就看我们自己。”

上帝为我们关闭一扇门的同时，注定会打开一扇窗。青春是灵魂深处的故乡，经历苦痛，体味艰辛，负重前行，感恩回报，最初的梦想终究会实现！

仰天大笑出门去，我辈岂是蓬蒿人

山东省优秀学生干部，2010级临床医学　杨峰

一、优秀是一个过程

我是一名来自农村的残障大学生，自入学以来，我就以一名正常学生的标准来严格要求自己。在思想上，我端正态度，积极上进，政治立场坚定；学习上努力刻苦，要以优异的成绩来回报自己的父母和老师；平时生活中不断地学着和周围的同学真心相处，主动去帮助那些有困难的同学；工作上认真负责，积极参加学校的各项活动并努力投身社会实践，利用学习平台锻炼自己的语言沟通能力和组织协调能力，同时培养自己良好的团队协作精神，希望自己能够出色地完成老师交给我的各项任务，并能精心地组织开展同学们喜欢的活动。因为我一直相信优秀是一个过程，我努力了，这三年多了我也基本做到了。

提高政治素质，坚定政治方向。政治素质是一个学生综合素质重要的组成部分，政治素质的高低是检验一个学生干部是否合格的标准之一。我利用课余时间积极学习党的知识，心系国家大事，努力向党组织靠拢。在开学之初就主动递交了入党申请书，并以党员标准严格要求自己，努力提高自己政治素质和思想水平，为早日加入中国共产党而不断进取。

把握学习重点，提高学习效率。对于“学生干部”我是这么理解的：一名优秀的学生干部，首先是做好学生，然后才是学生干部。学生的本职工作是学习，学习好专业知识是提升综合素质的先决条件，我是这么想的，也是这么做的。我每天向课堂要效率，把握各学科学习的重点，下课及时复习，凭借自己不断的努

力，我的学习成绩不断进步。我通过平时的学习还深刻地体会到，要想成为一名合格的医生，光靠学习书本上的知识是远远不够的，所以我在课余时间广泛涉猎各方面的书籍，拓展自己的知识面。通过不断的努力，在 2011~2012 学年，我的综合测评成绩班级排名第三，以优异的成绩获得了滨州医学院“文杰·自强”奖学金二等奖。

严格要求自己，力求全面发展。一名优秀的学生干部，应该是各方面能力都合格的。我借助学校提供的不同的学习平台，努力地发展自己。作为学生个人，我坚持自己的个人爱好，积极参加各项活动，先后获得滨州医学院“校园主持人大赛”二等奖、“校园模拟招聘”二等奖、“名师访谈”一等奖，并参加了学校迎新晚会、科技文化艺术节等活动的演出；作为班长，为使这个小家庭更加和谐、更有凝聚力，我还先后举办了“我爱我家”“走进十八大”等一系列的主题班会，为班级策划了生日聚餐、养马岛素质拓展等课外娱乐活动，师生交流会、考研报告会、心理辅导专题报告会等学术活动，这些活动影响深远，同学们热烈欢迎，老师给予高度评价。因为各方面成绩突出，我所在的班级被评为 2011~2012 学年校级先进班集体，我也很荣幸地获得“优秀团员”“优秀学生干部”等奖项；作为特殊教育学院学生会主席，我带领着自己的团队除了完成学院里的常规任务外，还精心组织了特殊教育学院首届残疾人康复运动会、手语才艺大赛、名师访谈、篝火晚会、棋牌大赛等残障大学生喜爱的活动。我和自己团队组建的学院代表队在参加学校组织的春季运动会、滨州医学院庆祝十八大暨纪念“一二·九”运动七十七周年歌咏比赛中取得了优异的成绩。

积极投身社会实践，为学校争光。在校期间我积极参加烟台市聋哑学校、敬老院、辅读学校的志愿服务，赢得了社会各界的好评。2012 年暑假，作为特殊教育学院暑期社会实践队的队长，带队赴青岛进行关于“聋哑人的就医现状及医用手语的推广和普及”的调查研究。最终荣获了滨州医学院“优秀社会实践代表队”的荣誉称号。

“优秀是一个过程”，我一直用这句话激励着自己不断努力，向着自己的人生方向不断前进。

青春，奋斗的步伐

国家励志奖学金获得者，2011 级临床医学　刘海亮

一、生命不息，奋斗不止

我来自一个普通的农民家庭，全家共四口人，父母务农，妹妹在高中就读。我从小患有先天性脊柱裂，双腿残疾，不能行走。当时的人们并不能客观地看待一些问题，陈腐的世俗观念充斥着多数人的心灵，他们不愿意了解残疾人，更不可能接受一个先天就有残疾的孩子。但幸运的是父母并没有放弃我，而是带着我四处求医，高昂的医疗费用不仅花光了家中所有的积蓄，还负债累累。但父母还是一如既往地给我治疗，家中的条件也随之变得更差了。近几年父母年龄增大，身体也大不如从前，母亲前年的时候患上了严重的风湿性关节炎，家中所有的收入全靠父亲一个人的务农和平时外出打工，本来贫困的家庭更加雪上加霜。

病痛的折磨让我的意志变得比常人更加坚定，从很小的时候开始，我就立志要成为一名医生，希望能治愈更多的像我这样的残疾儿童。所以，我一直奋发努力地学习，终于，功夫不负苦心人，2011 年 9 月，我收到了滨州医学院的录取通知书，我以超过一本线的成绩进入了梦想中的大学。可是高昂的学费让我止步了，幸运是有生源地助学贷款，帮我解决了这个最大的问题。

我清晰记得，2011 年 9 月 16 日，下着蒙蒙的细雨，我和父亲来到了烟台这个陌生的城市，开始了自己所期待的大学生活。

二、志存当高远

生活是一首杂乱无章的乐曲，生活是一道雨后的彩虹，生活是一条充满坎坷的路，我们每天随时都要面临各种各样的挑战。罗曼·罗兰曾说：世界上只有一种英雄主义，那就是了解生命而且热爱生命的人。在现实中，有时候也会觉得生活是迷茫一片，但是梦想就在前方，我能感受到他的温度，他的召唤，用我所有的热情和激情，来走这条前进的道路。作为一名学生干部，我始终不忘严格要求自己，注意自己的一言一行，不断求知，不断学习，不断进步。

三、百学须先立志

荀子曾说，不登高山，不知天之高也；不临深溪，不知地之厚也。当初，我怀揣着满满的热情和希望来到了滨医这个大家庭。这里，是我梦开始的地方。这是新的开始，新的征程。

大学里总是有很多的活动，每一个都让我跃跃欲试。就这样，我参加了学校举办的主持人大赛，这也是我来到大学的第一次尝试。一开始总是辛苦的，巨大的压力和高强度的培训，让我无数次产生了放弃的念头。但是学长告诉我，我只要站在台上，就比台下的人强，只要我坚持下去，我就是胜利者。

在学长的鼓励下，我坚持到了最后，并且取得了不错的成绩。这是一个很好的开始。我了解到了其中的辛苦，也体会到了其中的幸福。从这以后，我又参加了很多活动，在一次次的尝试中不断地突破自我。在大合唱比赛中担任领唱，参加一二·九朗诵比赛。我在一点点地前进，艰难却也幸福着。

在烟台市的首届“母教杯”演讲比赛中，我以一篇《悠悠母爱》获得了此次大赛的一等奖。而在学期末的综合测评中，我也获得了先进个人和优秀团员的称号。这些对我来说都是很大的鼓励，我相信，我一定可以做得更好。

四、天行健，君子以自强不息

在不断的尝试和探索中，我度过了充实而富有意义的大一岁月。踏入大二的生活，继续在我梦想的道路上不断前进。我担任了班里的团支书和学生会的文艺部部长，另外还被聘为烟台市“母教”义工滨州医学院分团的团长，希望可以在多方面锻炼自己的能力。

作为一名团支书，我深知良好的思想政治素质在我们的成长过程中所起到的重要作用，始终把提高自己的政治修养和思想道德觉悟放在首位。同时作为一名班委，在班级工作中，和其他班委相互配合，服务同学，出色地完成了老师布置的任务。

作为学生会的成员，我知道学生组织在大学生活中重要的地位，而作为文艺部的部长，我为同学们组织策划各种各样的活动，丰富了同学们的课余生活，让他们在紧张的学习生活之余能够放松身心，陶冶情操。

其中，最让我骄傲的就是我曾组织过有六大高校参加的“母教”好声音。这是一次非常大规模的活动，在组织策划的过程中也遇到过很多困难，最后，我们克服重重障碍，让这次活动取得了圆满的成功。这次活动有汗水有欢笑，同时我也在其中学到了很多。

同时，我还有幸在名师访谈活动中，采访到了李克祥院长，并在此次评比中获得了一等奖的好成绩。

因为我的不懈努力和老师同学的帮助，我获得了“文杰·自强”奖学金一等奖，并且还在一直努力着。

五、千淘万漉虽辛苦，吹尽狂沙始到金

走过了大一和大二的时光，大三的学习开始变得越来越紧张，但我还是继续担任班里的团支书，同时还担任了学生会主席。虽然这使我的生活变得更加忙碌，但是我依然从中体会到了快乐。

另外，在假期，我参加了暑期社会实践，这次活动中，我遇到了以前没有想到的会在社会上遇到的事情，也正是这些事情，让我的心智更加成熟。暑期社会实践虽然只有短短的几天，但一路走来，我收获良多。最终，我们的实践队伍在学校的评比中取得了让自己还算满意的成绩。也正是这次实践活动，让我对今后的生活更加向往。

六、路漫漫其修远兮，吾将上下而求索

大学生活丰富多彩，让我的经历也着实充沛起来。在一次次的活动和磨炼中，我越发地坚强起来，我相信，在今后的路上，不管是学习还是生活，我都能把握好自己前行的航帆，披荆斩棘，以最充沛的精力来迎接今后的挑战！

我坚信，自己将会活在未来的精彩中！

世无难事，唯肯攀登

国家奖学金获得者，2012 级临床医学　田卫卫

人生只是一场美丽的梦，我们，既要学会珍惜生命，又要学会欣赏生命。欣赏生命，需要一份平和、一份淡雅、一份轻松，有苦有乐。我觉得自己的人生应该是充实而富有色彩的，有成有败的人生是合理的，有得有失的人生是公平的。

人生充满挑战才有价值。有赢就有输，有成就有败，有得就有失；要成就必须去承担，要光明必须接受黑暗。学会放弃，在落泪以前转身离去，留下简单的背影；学会放弃，将昨天埋在心底，留下最美好的回忆。

我的大学我做主，我要活出青春的色彩，我要走自己的青春路，因为我知道世无难事，唯肯攀登。

我来自一个普普通通的农村家庭，全家共四口人，姐姐已出嫁，父母以务农为生，家中唯一的收入便是一年的庄稼耕作。在我出生后几个月，同龄人都会爬了，而我的腿却始终不会动。于是父母带我去医院检查，随之而来的便是雷霆般的噩耗。医生告知父母我患有脊髓灰质炎，以后可能都不能走路了，更不用说像正常人那样生活。这就像一个晴天霹雳，砸到了一个平凡的家庭上。执着的父母并没有放弃我，而是四处奔波为我寻找治病的方法。为了给我治病，父母花光了家中的积蓄，并且负债累累，但是父母依然没有放弃对我的治疗，家庭的生活更是因此变得越来越艰辛。随着母亲年龄的增大，她的身体愈发不如从前。前两年母亲的股骨头坏死，需要常年服药维持，现在走路仍很困难。家里全部的重担都落在了父亲的肩上，长久以来的劳动和压力也使父亲的身体变得日益虚弱。

在我很小的时候，艰苦的生活让我的心性比一般人成熟许多，坚强许多。从我开始上学就受到许多人的冷眼、嘲笑，在他们所谓的“欢声笑语”中，我一步

步走了过来。比别人更早熟的心智让我明白，自己必须强大起来，而对于像我这样的弱势群体来说，唯一的出路便是读书！因此，从小学到中学，我一直坚持着自己的梦想，从不放弃。在学习上，更是付出了常人数倍的努力，一路走来，收获甚多。

自身的经历让我深深地体会到疾病带给一个人甚至带给一个家庭的磨难和痛苦，而这一切更坚定了我要成为一名医生的梦想，也正是这个目标，让我一直百折不挠，勇往直前，披荆斩棘，一路走向了实现自己梦想的舞台——滨州医学院。

一、千磨万击还坚劲，任尔东西南北风

如坚石不催，我的心愿接受所有的考验。因为我深知唯有千磨万击，青春之路才会长远从容，而我也会坚定地从这条路上走下去。

值得欣慰的是，所有的努力与辛苦都获得了回报。大学录取通知书送到家里的那一刻，父母眼含泪花的微笑，直到现在，我都记忆犹新。可是，当所有人都高兴的时候，最大的苦恼也随之而来，高昂的学费让我们全家不知所措，我甚至想到了辍学，却最终被父母的坚持而感动。

我能够理解父母的心情，带着家中凑出来的学费走在去往烟台的路上，我更加坚定了自己的决心。自此以后家乡只有冬夏，再无春秋。我怀念这个温暖的地方，但我更希望将自己变得坚强优秀，在未来，服务我最热爱的土地，回报最疼爱我的父母。

2012 年 9 月，我独自来到了一个完全陌生的城市——烟台，开始自己真正走向梦想的旅程。来到大学之后，我渐渐地发现，或许生活并不像我当初想象的那么简单。大一的我是个懵懂的小女孩，许多事不明白如何去做。再加上行走不便，各种困难接踵而至，繁琐的事情多次令我偷偷哭泣。在困难面前，脆弱的泪水中满是对父母和家乡的牵挂。陌生的大学生活，让我发现如若要在这个陌生的城市中生活，或许还要更大的勇气。

烟台的天气变化无常，尤其在冬天，雪是我们长留不走的客人，每次的雪都会给我留下难以忘却的记忆。飞舞的飘雪过后，地上积满了冰，路也就变得特别

滑，我时常会跌倒。每次冒着大雪去上课我都会特别烦恼，甚至有点后悔自己为什么选择这个完全陌生的城市。但是哭泣过后，我明白，泪水并不能解决问题。如果连这点小小的坎都不能跨过去，以后如何在社会上立足呢？当初来上大学时的雄心壮志又怎能如此被简单地磨灭？

二、宝剑锋从磨砺出，梅花香自苦寒来

渐渐地，我的大学生活精彩起来。大学是培养人才素质和提高个人能力的地方，在大学，我努力去锻炼自己的能力，让自己变得更加坚强。在学习专业知识的同时，我积极参加校内外的各项活动，包括“名师访谈”活动、2013 年春季运动会、第二十五届大学生科技文化节“青春·梦之 show”英语风采大赛等，都取得了优秀的成绩。在烟台市残疾人运动会上，我还取得了标枪和铁饼二等奖的成绩。在烟台市六大高校举办的烟台大学生“母教”义工“孝行天下演讲会”上，我的演讲获得了一等奖，并且被授予烟台市“孝亲好儿女”荣誉称号。2013 年，烟台市母亲教育中心聘请我为滨州医学院母教义工分团团长。因此我的生活更加忙碌，但我深信在付出的同时会有更大的收获。

对于一名大学生，能力与学业的双赢才是真正的进步，故而我在学习上一刻也不敢放松。非学无以成才，我始终牢记学习是学生的第一要务。在大一的整个学年中，我刻苦学习，坚持做到每天 6 点起床晨读，做到课前预习，课后复习。在空闲下来的时候，我都是在图书馆中度过。我希望能够有机会多读书，读好书，以拓宽自己的知识面。

在老师的指导和自己的努力下，我取得了理想的成绩，智育成绩和综合测评成绩都名列前茅，并获得校级一等奖学金和“优秀学生标兵”称号，第一次在大学中证明了自己。但我也知道，成绩只能说明过去，只有自己更加不懈地努力，才能取得更为辉煌的进步。

在班里，我担任了学习委员一职，在完成自己学业的同时，不忘对同学学习的带动和帮助。作为学习委员，我时常给同学们讲解自己平时的学习方法，尽自己的最大能力帮助同学答疑解惑。

我对学习有自己的一份见解。首先，要想自己不断进步，必须有端正的态度。正所谓“态度决定高度”，态度直接影响着我们的学习效果。其次，学习效率是非常重要的。我们常常有些同学平时很用功很刻苦，但不一定有好的成绩，由此大家也会对“一分耕耘，一分收获”产生怀疑，事实上，问题就出在学习效率上。最后，在平时我们可以制定一些目标，目标可大可小，哪怕是一天背几个单词。同时给自己施加压力一定要把这个目标完成。然后是灵活运用知识，不要仅仅依赖于死记硬背。太死板的记忆对我们毫无益处，死记硬背对有些科目是行不通的，记忆是建立在理解的基础上的。从中我不仅帮同学们提高了成绩，还收获了宝贵的友谊。

微笑始终是最美的语言，而乐观向上的性格是我最大的财富，刚入学我就加入了院学生会宣传部，工作中我认真勤恳，虚心向别人学习，把全心全意为同学为学院服务作为自己的宗旨，以热心诚恳、乐观向上的工作态度认真做好每一件事。

三、路漫漫其修远兮，吾将上下而求索

一年的大学生活让我觉得很充实。特殊教育学院的学习和生活让我更加自立自强、乐观积极，并且得到了全面发展。我时刻告诫自己：既然不能选择自己的出身，那就把握自己的命运，掌舵自己的未来。我相信，坚强的意志和不服输的精神将会让我在大学受益匪浅。

前路充满了许多未知的因素，而我怀着一颗坚韧不拔的心，昂首挺胸、万般豪迈，奔向我那心中不变的梦想。在未来的生活中，我将以百倍的信心和万分的热情去迎接更大的挑战，用辛勤的汗水和默默地耕耘，谱写更美好的篇章，扬帆起航，我坚信自己的明天会更加美好！

用我双手洒下阳光

2012级中医学视障生　赵辰岳

我是一名来自山东省滨州医学院特殊教育学院的学生，叫赵辰岳，我非常喜爱大学生活，和同学可以和睦相处。我认真学习文化知识和专业课程，勤奋努力，刻苦钻研，第一学期圆满完成了各门课程的学习任务。因为成绩优秀，受到了学院领导、老师和同学们的一致好评。

因为有了第一学期的丰富收获，到第二学期我更加努力地学习，由于原来在上大学之前就学过推拿这门课程，再加上我的课余研究，因此我深知如何推拿才能起到好的效果，怎样才能减轻患者的疼痛等操作。在校内无数的展览板上看到许多好人好事，深深地触动了我的心。作为一名青年大学生，我要用自己的能力和学过的知识去服务社会，服务师生，贡献自己微薄的力量，为他人排忧解难。为这个目标，我加倍学习、细心工作，与同学们做过多次的社会服务，为更多的患者解除了痛苦。

2013年6月，在学院领导的号召下，我们共同建立了一所小型的养生中心，得以更方便地为校内师生服务。我第一天工作的时候就迎来了一位受伤的同学，他是因为在篮球场上奔跑，不小心扭伤了脚，当时过来的时候，痛苦的神情让看到的人都心痛不已。扭伤是一种很严重的病症，如果没有及时的正确处理以后会有一定的影响，我用我所学过的知识为他服务，在精心的处理下，他的脚伤有所好转。推拿完后那位同学轻松的表情让我既高兴又欣慰。“谢谢你了”虽然这句话每个人都能很轻松地说出来，但是当我看到他的病症减轻，痛苦的神情消失的时候，真的让我很有成就感。从那次起我找到了自己的价值，感觉到自己的推拿既为别人减轻了痛苦，也使自己心灵得到了升华。这也更使我坚定信心让更多人能感受到推拿的好处，普及推拿普及中医学。

为了让更多人能够感受推拿，2013 年 9 月我们与烟台莱山区黄海花园社区联系，主动走入社区免费推拿，竭力让更多人体验推拿带给他们的轻松和乐趣。9 月 8 日上午，在队长的带领下我们踏上了去往黄海花园社区的公交，可能是第一次出来搞社区服务，所以感觉到很激动也很紧张，在车上我们都在期待着今天要多为患者减除痛苦。不久，我们就到达了目的地，在社区卫生院工作人员的帮助下我迎来了第一位患者。在这位患者的诉说中，我很明确的知道了他的病症，在年轻的时候，由于长久的田间劳动，经常弯腰提重物，所以老了腰部有明显劳损，一到天凉的时候感觉疼痛特别明显，而且现在干一些重活就会感觉到很劳累。在我与老人的聊天中知道，老人由于从来也没接触过推拿，所以一直不知道什么是推拿，在社会上虽然有很多人都在推销推拿的方法，但是很多都是欺骗患者以达到经济收入的目的。而我用所学的推拿知识，不同类的手法，以自己的经验竭尽全力地为老人的腰部做最好的推拿。做完后，老人说："有明显的改善，而且感觉到很舒服，很轻松，谢谢你了小伙子。"看到老人家放松的神情，听到老人家亲切的话语，我又一次感到了自豪。像这样的老人有很多，第二位患者是一位在社区卫生院服务的工作人员，因为这里老人特别多所以她们的工作特别劳累，导致她颈项部的肌肉很僵硬，平时也有些头晕头痛的感觉。在我做推拿的过程中，明显感觉到了病症的所在，虽然是同样的力度，同样的方法但是她明显的痛苦让我都不忍心再做下去了，我问她："要不要先休息一会儿？"她答道："不用了，后面还有很多人在排队等着呢。"做完后我跟她说了一些保护的方法。她很感激地说："我感觉颈项部的肌肉很舒展，太感谢你了。"一上午的时间里，我为七八位患者解除了痛苦，每一次听到他们的笑声我也会默默地笑，因为我用我的所学，解除了患者的痛苦。我们走的时候，在远远的告别和感谢声中踏上了回校的公交车，现在想起依然是很幸福的。医学院的学生就是要用我们所学，尽我们的全部力量为患者服务。

在 2013 年 10 月环卫节的时候，我们来到了芝罘区的垃圾中转站为环卫工作者服务。在这里大部分工作人员是中年人，不过很多人身上都存在这个年龄并不易患的疾病。例如肩周炎，这可能是他们工作方式所致，不管轻还是重，肩周炎的患病的过程是很痛苦的，尤其是发病的时候。我给第一位患者做推拿时他患病已经有一年多了，从我手底下的反应来看他的情况还是很严重的。在交谈的过程中我了解到，他一到冬天就极为痛苦，早晨起来感觉自己穿衣服都困难。为了解除他的痛苦，我用了很多的方法，在推拿的整个过程中听着他痛苦的呻吟，让我的心深深地揪了起来。如此痛苦的病症，让我心中产生了一种想法，解除痛苦的方法难道也要这么痛苦吗，难道就没有更好的方法去治疗这样病症的患者吗？我要努力钻研一种无痛疗法，来给患者治病。第二位工人师傅的两个肩颊是由于明显的劳累所形成的病症，平时有酸痛等不良反应，我用自己所掌握的各种推拿方法，耐心地为他治疗，这位工人师傅满意地笑了，为他解除了酸痛也让我非常高兴。我们的服务过程虽然只有一中午的时间，但是我解除了很多人的痛苦，不能说让他们能完全康复，在一段时间内我相信他们的身体是放松的。

像这样的活动我参加过许多次，在这个过程中深深地明白了，作为一名医者在这个社会的责任重大。我将励志于医学事业，让我的知识来消除大多数患者的痛苦。用我的所学所知，去研究出更多的无痛疗法，攻克更多的病症，解除更多患者的痛苦。我想这样我就能成为一个能帮助别人的人，一个有价值的人。

一路阳光一路情

山东省奋进新时代资助人物“励志之星”，2014 级中医学视障生　林坚满

黑夜给我了黑色的眼睛，我将用它来寻找属于自己的光明。

——题记

1993 年 3 月，我出生于广州肇庆一个普通的农村家庭。爷爷是村里有名的文化人，我四五岁的时候就跟着他认字，到了小学一年级的时候我可以将全班七十多位同学的名字写出来。

不记得自己的视力是什么时候开始变差的，只记得五岁的时候还可以在两米开外看见 14 英寸黑白电视机上的字幕。小学的时候我一直是班里的学习委员，每次考试我都稳居年级第一。随着视力下降，中考前的那一年元旦我第一次正式到大医院看眼睛，医生的诊断结果犹如五雷轰顶——黄斑变性，现在的医学技术尚不能攻破这个难题，这意味着我将一直活在模糊的世界里。从那时起我意志消沉，慢慢地变得郁郁寡欢，中考也没有发挥出应有的水平，勉勉强强考上了县一中。

由于视力障碍，我从小就特别害怕出门，害怕掉到坑里。我也不敢拿着盲杖出门，因为在农村里会被人嘲笑。我只能看清五米之内的东西，走路都成问题，更不用说跑步了，但是后来我竟然和自己最不擅长的跑步结缘。

到了上学的年龄，我经常是第一个冲出校门，我害怕在熙熙攘攘的人群中跌跌撞撞。上小学的每一天，我几乎都是奔跑着来回于家与学校之间。到了中学可以骑自行车去学校了，可是我老是嫌弃我的自行车跑得不够快……我的耳朵能准确辨别 50 米开外行驶中的车辆的车速和距离，这个“特异功能”保证了我在路上的安全。我害怕在路上停留的每一秒钟，吵闹和嘈杂带给我的是恐惧与不安，只

有奔跑能使我安静下来。我只想快一点到家，守候在收音机旁，此时收听每天中午和晚上的评书节目，这是我最痴迷的事情。从那时起，我就比同龄人跑得快一点。

高中前两年我一直在普校学习，那两年是我人生最累最灰暗的日子。众多的课程，对一个正常的学生来说已是难以应付，更何况是一个视力残疾的学生。我连黑板都看不见，考试的时候也没有放大镜，就算有，也不敢拿出来用。

后来，我了解到中国视障者约有 1 700 万，这也意味着，每 100 人中就有 1 人的视力有不同程度的障碍。我开始意识到，自己并不是唯一的弃儿，随着移动互联网和智能终端的普及，越来越多视障者可以掌握更多获取信息的渠道，可以有机会打破传统封锁，走出家门，融入社会……

高中的第三年，我只身前往重庆特殊教育中心继续学业，高额的学费和生活费支出是巨大的负担，但是为了坚持梦想，我参加了单考单招考试，步入了梦寐以求的大学校园——滨州医学院。

入学伊始，通过针对新生的绿色通道，我顺利开始了大学的求学生涯。四年间，国家、省政府各级各类奖学金、助学金多次解决了困扰我的学费问题，让我可以安心按照计划度过大学学习与生活。

大学期间，我的专业是中医学（针灸推拿方向），老师们认真负责，常常根据我们的视力情况有针对性地做出不同的授课方式调整。我也注重通过跑步来锻炼身体，提高身体力量和耐力。坚持锻炼也让我有了更多的收获，2015 年广东省第七届残疾人运动会中，我取得了一金一银的好成绩并打破一项赛会纪录。2018 年，在广东省第八届残疾人运动会的中长跑项目中，我再次证明了自己，获得了三金二银的好成绩，再破赛会纪录，并被授予体育道德风尚奖。

尽管视力受限，我不能像正常的同学那样看到最美的风景，但是我坚信内心的温暖依然能带我去感受更多的爱和希望。大学四年，我辅修了应用心理学双学位，课余时间跟随学院蓝丝带志愿服务队走进特殊教育学校，为那里的孩子们带去心灵陪伴，这也鼓舞着我努力成为他们的榜样。每一段旅程都要留下一些印记，在校期间，我跟随学院明眸推拿养生协会，定期到学校附属医院开展义诊活动。在济南康复医院见习期间，我也加入了《济南日报》举办的《公益扶贫乡村行》

活动，每当听到村里乡亲们的肯定我都默默在心中笃定，感谢一路走来的种种相助，我愿用一生去践行。积极参与各种志愿服务活动，帮助我找到了真实的自我，同时也激励着我学好专业本领，不负韶华，不负期待。在刚刚过去的 2017～2018 学年综合测评中，我再次获得专业第一名的好成绩，并获得国家助学金。

2018 年 10 月 22 日是我人生的又一个转折点，我在实习阶段有幸成为广州省妇联培训班的一名培训教师，主要培训对象是失业的视障人员，为他们走出黑暗，融入社会贡献一份微薄之力。我热爱这份工作，我喜欢努力带来的幸运，也希望自己以后可以回馈社会，帮助更多的人站起来，让他们相信没有什么不可以。

我相信黑暗并不可怕，因为世界上的每一份善举，都会感动一些人，影响一些人，照亮他们一生的路。一路阳光一路情，感恩常在，爱心满怀，在今后的日子里，我甘愿做一粒石子，用自身的爱心力量，砸出圈圈涟漪。

苦难在左，温暖在右

2018 级特殊教育生　宋小丽

人生的道路上，我们总会遇见各种各样的困难。有时候，苦难就像一位磨砺我们的老者，在身后循循鞭笞着我们，但风雨的路上，总有爱和陪伴庇佑着我们，温暖在左，爱在右，最靠近心脏的地方，总是流淌着感动与坚毅。

有人问过我，最让你觉得力量倍增的两个字是什么？我回答："中国。"最让你觉得感动的一句话是什么？我毫不犹豫地回答："我爱中国。"我们生活在一个快节奏的时代，快节奏的娱乐方式，快节奏的学习，快节奏的婚恋，有时候甚至连爱好和信仰也是快节奏的。我们可以喜欢欧美的硬汉巨星，也可以偏爱韩流的"小清新"，可以喜欢塞北的雪，也可以钟爱江南的春。毕竟，千百万个生命，便有千百万个不同的爱好和习惯，人与人之间很难找到无差异化的共同点，但关于对祖国的热爱，我却觉得它是共通的，这种爱深入到每个人的骨髓。北疆荒凉的国防分界线上坚守的身影，奥运场上为了祖国荣光挥洒的汗水，每一个人的心里都藏着一个爱国梦，不显不露，但在关键时候却表现得淋漓尽致。

一、遭厄运——备受打击

我生活在一个小山村，那里有奔跑的牛羊，香郁的野草。农村的孩子，踏着晨曦下的山路去上学，循着山坳里做饭的炊烟回到家中，生活在柴米油盐的平实中，似乎很少有人给我们这群大山的孩子灌输感恩思想。但平静的生活却给我制造了许多波澜壮阔，让我对"感恩"二字有了更加深切的理解。

我本是一个爱唱爱跳的孩子，突如其来的疾病带给了我别样的疼痛，15 岁时残疾证上鲜红的印章说明了我跟他人的不同。

我很多时候深深厌恶着这样的不同。这样的不同，是体育场上只能尴尬做旁观者的无奈，是望着年迈父母扛着一袋袋玉米红薯攀爬山路的愧疚，也是当我走在拥挤人群中总能成为异样者引来人们驻足的疼痛。我时常在想，偌大的中国，接近 14 亿个独立的个体，为什么我就是特别的那个？人有时候就是这样，害怕与众不同的孤独，特别还是那种不好的与众不同。

可不是说所有的与众不同都是上帝的偏爱吗？不是说苦难都是对人馈赠的洗礼，珍珠要经过砂砾彻骨的打磨才能闪耀吗？但我不想要馈赠，不想要洗礼，我也不想要闪耀。残疾后，我总在想，让我成为 13 亿人口中的芸芸众生吧，不争不抢，不显不露，没有特别，没有疼痛，平淡就好。但命运哪管你想要什么，它自编排好了剧本，我只能被牵着前行，疾病带给了我残疾，我背负着它缓慢前行，逃不掉，挣不脱。

二、不放弃——抗争命运

患病后，我才知道这个社会，我们的祖国对我们究竟有多大的帮助。住院时有农村医疗保险可以减免相当一部分的费用，加上是贫困户的原因，县扶贫中心还会给予大病救助。除此之外，镇政府还将我的情况汇报给了外界，当即有很多社会人士向我伸出了援手。

本就一贫如洗的家庭，在患病后其实往往还未来得及承受心理上的疼痛，物质上的匮乏便往往就让我们屈服。爸妈说，在以前国家还不够强大的时候，像我们这些穷苦人家根本不敢看病，穷和病在那时候真的能轻易夺去人的生命，但现在国家强大了，咱即使缺胳膊少腿，只要自己不放弃自己，便照样能活出个人样。

那时的我真的怀疑过父母的话，但是当看见一波一波素未相识的人来到病房里看我时，总会对我说着类似的话“社会好了，应该相信自己，不要放弃”。

我没有放弃，因为我知道即使残疾，只要我们努力读书，依然能在大学的校园里与所有健康的孩子一样追逐梦想。正是没有放弃，我知道了即使贫穷，我们也可以靠着国家“不让一个孩子因贫穷辍学”的承诺，靠着绿色贷款踏入学校；

正是没有放弃，我知道了，大学还有助学金，还有残疾关爱捐献……正是没有放弃，我才知道自己原来并不只是个废人。

三、勇拼搏——迎接光明

在学校和老师的帮助下，我的费用问题得以解决，再加上各种资助政策支持，建档立卡贫困户可以减免相当一部分的学费，而且大学还有各项助学金和奖学金，只要努力学习，积极向上地生活，每年还有针对优秀贫困学生设立的国家励志奖学金和省政府励志奖学金。在这样的资助政策下，贫穷再也不是我们求学路上的绊脚石，只要自己足够有志气，足够努力，贫穷的我们也能有尊严地生活在大学的校园里。

大一时学长学姐和老师殷切地把我们引进学校，我知道，滨州医学院是最早开放残疾人高等教育的学校，在这里，有着最温暖的人和我最真挚的梦想。我获得了残障大学生励志助学金、"文杰·自强"奖学金、道德风尚奖学金、文艺特长奖学金。除此之外，从大一下学期开始我便在老师的帮助下在学院的办公室勤工助学，每年的各项资助金额和兼职所得的钱，使我可以安心地在大学求学。

2020 年 12 月，当贫穷的家里迎来父亲患病的噩耗，一家人一筹莫展时，是学校为我们组织了捐款，并启动了临时救助，给我们经济上和精神上都提供了很大的帮助。

我身后有一个强大的祖国，身前有一个颇具人文关怀的母校，身旁还有一群热心的老师和同学。是他们的支持，才让我大病但依然挺了过来，贫困但依然有学可上，残缺但依然受到最大的尊敬，落后但依然锻造了坚毅的性格……

投我以木桃，报之以琼瑶。在受到各种恩惠后，对学校和社会以及身边的人们，我更多的是无尽的热爱。我知道自己也许不能成为什么伟人，但是左边的关爱，右边的温暖，使我成为一个更加健全的人，也许我仍旧是平凡的一个我，但是我也是更加坚毅感恩的我，带着这份感恩，我将在我可以发挥作用的岗位上发光发热。

生不忘师恩，死不舍大志。我被光明迎接而来，也将永远冲着光明而去。

追光者，逐梦人

2020级中医学视障生　冯豪

一、痛失明眸，关爱成长

我1999年出生在山东临沂一个偏远的小山村，2005年6月14日，右眼突然的疼痛，让年仅六岁的我不停地哭闹。从那天之后，半年多的时间，父母带着我辗转到临沂、济南、北京等各地医院，得到的回复都是："看不了！"最后，我们来到山东省立医院，遇到了一位这一生都会感激的人——孙红医生。孙医生痛心地说："孩子得的是视网膜母细胞瘤（Rb），是一种眼癌，你们来得太晚了，孩子的右眼保不住，必须摘除。"

光明就这样与我永别，双眼眼球摘除，手术和化疗费用也把家里的生活拖垮了。术后的两年时间，无边的绝望煎熬着我的内心，年幼的我对现实和未来充满迷茫。我忍受不了身边人异样的眼光，这样的生活和状态，一直持续到我去临沂市特殊教育中心就读。

受益于国家对特殊教育的重视以及各种政策的扶持，2009年9月7日，我怀着激动的心情踏进了特殊教育中心的校门。新世界的大门向我敞开，在这里，我可以和其他孩子一样，学习文化知识，在操场自由地奔跑，还可以减免学费，减轻家里经济困难。渐渐地，我从自卑和绝望中走了出来，我努力让今天的自己比昨天的自己更丰富、更自信，有了自己对未来的规划。在了解到视障者也可以通过努力踏进大学的校门时，我激动的心情难以言表，我迫不及待地去查询各种有关政策，查到《残疾人保障法》中第二十一条规定"国家保障残疾人享有平等接受教育的权利”。我还了解到，目前国内数所高校为我们设立了单考单招政策，给予我们继续深造的机会。

2020 年 9 月，我考上了我梦想中的象牙塔——滨州医学院。在这里，我得到了更多更好学习提升的机会，也让我有机会、有能力把这份爱传递下去。在校期间，学校学院对我们非常关爱，将教室和宿舍建在一所大楼，方便我们的学习；配备了专门的生活老师，照顾我们的日常生活；提供了双人间、洗衣机、24 小时热水器，让我们的生活非常方便；铺设了盲道，方便我们外出活动……在这样爱的海洋里，我不想沉溺其中，仅仅做爱心的接受者，我更想做爱心的传递者。

二、心怀感恩，用爱宣讲

在全校演讲大赛一等奖的优异表现，让我有幸参加到学校的“熠韶华”时政宣讲团中，这给了我一个更大更好的平台，让我有更多的机会去讲述我的心声。作为一名视障者，从小到大，我接受过太多的爱心帮助，国家、学校、社会提供各种各样的资助政策让我们安心学习，成长为一名对社会有贡献的人。我一直想用自己的方式把爱心继续，我走上宣讲台，走到老师、同学和社会面前，与他们分享目前国家对残疾人和特殊群体各项政策的扶持。在如今飞速发展的时代，国家没有抛弃任何一个人，就像习近平同志曾说过的“全面建成小康社会，残疾人一个也不能少”，新时代当中，我们获得了满满的幸福感。我分享这些是为了让人们从这一方面，对国家的制度有更多的了解，增强人们的自信心和凝聚力。同时我还会讲述自己的经历和故事，希望人们在我身上寻求到一些不一样的东西，获得一些小小的激励，从而把这份力量继续传递下去。

三、明眸推拿，将爱传达

为更好地学好专业课，做到早临床、早实践、早社会，我还加入了学校明眸协会，日常在老师学长学姐的教导下，学习针灸推拿的技能，利用周末多次与社团一起外出义诊，去敬老院、为爷爷奶奶们推拿按摩，尽我所学，为他们减轻一些身体上的疼痛。我们也到学校周边社区进行义诊，帮助有肩颈腰部不舒服的患者，进行针对性按摩治疗，在义诊的同时，扩大学校的对外宣传力量。身体方面的缺陷，从不曾成为我可以退却的借口，也许我做不了巨大的善举，用以表达我心中的感激，但我也会尽己所能，把接受的暖意继续传递下去。

四、传爱之旅，视障同行

凤凰网有一个“山东省100名青春榜样”栏目，我有幸作为残疾人励志典型参加过一次专访。我很珍惜这次被采访的机会，想要尽自己的绵薄之力，讲述我们特殊群体的声音。的确，我们身有残疾，需要一些帮助，但这并不能成为我们只能作为受助者的理由。我们接受了爱心，就应该心怀感恩，让自己也变成一缕火苗，去照亮和温暖他人。我利用这次专访，说出了我的故事，让社会更加了解我们视障群体，同时，也表达了我们想要平等和包容的思想。因为，“除了看不见，我什么都能做”，我们一样可以拼尽全力帮助他人，一样可以成为建设社会主义现代化强国的见证者和建设者。当爱的溪流汇聚在一起，就成为爱的江河，滋润世间万物，洗涤人的心灵。

五、不忘初心，追光逐梦

我的肩上是风，风上是闪烁的星群。我相信，零星的变好，未来也会如星河般闪耀。在未来，我要谨记滨医校训——仁心妙术，心怀感恩，脚踏实地，努力学好自己专业，将每一份爱心用我的方式传递下去，为我们特殊群体讲出我们的声音，为患者减轻病痛，尽己所能，追光逐梦，为学校，为社会，贡献出自己的一份力量。

社会声誉

SHEHUISHENGYU

五名作战伤残军人被滨州医学院破格录取

郑远啸　胡万章

在对越自卫反击战中荣立一等功的排长钟培陆、班长方顺寿等五名解放军伤残人员，告别了昔日硝烟弥漫的战场，步入了宁静的校园，开始了紧张的学习生活。他们是经中国残疾人基金会、卫生部、山东省教育厅准许，由滨州医学院破格录取的。

在开展“战士在我心中”和向对越自卫作战英雄学习的活动中，山东省滨州医学院提出招收五名立功负伤的残疾军人上大学。他们的意见，得到解放军总政治部的赞同。这五名新学员，三名是战士，两名是排职干部。当他们听到去地方高等学校学习的消息时，十分激动。他们说，万万没想到党和人民给我们伤残者一个学习深造的机会。

（原载 1985 年 12 月 15 日《人民日报》）

我国首届残障大学生毕业

于耀忠

56名我国首届残障大学生近日在滨州毕业。五年来滨州医学院共从全国12个省市招收残疾学员225名，为残疾人高等教育写下了光辉的一页。

开办残疾人高等教育，无先例可循。滨州医学院根据残障学生的特殊情况制订教学计划。在教育方式上，把残障学生和普通学生混合编班、编组上课，并组织他们走向社会，与工人、农民、中小学生广交朋友。针对残障学生中普遍存在的自卑感和心理障碍，学校建立了全部残障学生的心理档案，开展心理咨询和治疗。

滨州医学院还利用本校的技术优势，对残障学生进行康复治疗。几年来，学校对1/3的残疾学生进行了不同程度的手术治疗，效果良好。在积极进行手术治疗的同时，学校建立了康复中心，鼓励学生参加康复锻炼和文体活动。在山东省第二届伤残人运动会上，该校13名残障学生组成的代表队取得金牌22枚、银牌1枚、铜牌2枚。

滨州医学院创办残疾人医学系，在国际国内引起强烈反响。一些港澳同胞、海外侨胞要送子女来上学。澳大利亚、美国学者还自费前来讲学，瑞典友人捐赠了康复器材。

在85级毕业班座谈会上，许多学生流下了眼泪，他们舍不得离开这所学校，他们说："没有中国共产党，没有社会主义，就没有我们这些残疾青年的今天。"

（原载1990年7月8日《大众日报》）

中国首间残疾人医科大学

李泽

中国首间残疾人医科大学山东省滨州医学院于1985年创办的残疾人医学系，是唯一专收残疾人的五年制大学本科专业系。这个学系面向全国12个省市招生，已招六届学生，共253名，大多为下肢残疾的青年，首届56名于1990年毕业，均被有关省市地方医院招聘为医生。学院根据残障学生的特殊情况，在临床教学中减少外科系统见习时间，增加了中医系统的选修课程。在教学的同时，学院还注重残障学生的生理和心理康复治疗，生理上为他们进行下肢矫形手术，使他们的生理机能局部或全部得到恢复。残疾人医学系创办五年来，学生们没有辜负学院的期望，他们在全院创造了两个第一，各科年终考试总分第一，英语合格率第一，学院凡举办百科知识、棋类、乒乓球比赛，冠军的宝座都为残障学生所夺得。残疾人医学系的建立在国内外引起很大反响，国际“彩虹医疗队”一个残疾人慈善医疗科研机构已两度造访，并且与学院专家合作，为10多名残障学生做了下肢矫形手术。

（原载1991年03月8日《香港明报》）

四百余残疾青年接受高等医学教育，中残联领导感谢滨医

张忠田

“滨州医学院在国内首先提出创办残疾人高等医学教育，培养的学生非常出色，这是我们的骄傲！”这是中国残疾人联合会主席邓朴方最近在北京会见美国加州大学圣迭哥医学院访华团时说的一番话。

圣迭哥医学院院长翰·F. 阿尔克辛一行是应滨州医学院邀请来华访问的。他们抵京后，滨医领导专程去迎接并参加了这次会见活动。邓朴方对继续办好残疾人教育寄予很大希望。他紧握着滨医院长李武修的手说：“谢谢你们，请代我向滨州医学院全体教职工和残障学生问好！”

会见时，中残联副理事长郭建模向外宾介绍了滨医办学的情景和经验。滨医1985年创办了残疾人医学系，已招生440余名，毕业260余名，其中有12名毕业生考上了硕士研究生和博士研究生。

会见后，美国客人赴滨州访问，对举办残疾人高等医学教育表现出了浓厚兴趣。双方已同意建立友好学校关系。

（原载1995年11月15日《健康报》）

教育：自立的阶梯

林筱芳

1997 年秋，德国菲利普斯大学，世界第五届睡眠呼吸障碍大会集结了该学科最权威的学者。一位个头不高、黄皮肤黑眼睛的肢残青年和他宣读的论文，引起与会者的一致关注。他是刚刚获得北京医科大学呼吸内科博士学位、年仅 29 岁的韩芳。他的论文经专家评定已达到国际先进水平，不久即在一家国际权威刊物发表。在 1998 年 4 月召开的中国首届睡眠呼吸学术研讨会上他获得了“中国呼吸学者伟康奖学金”。小时生长在晋北农村的韩芳，不曾想到有一天自己会走向世界。家境并不富裕，自己又因小儿麻痹症致残，他想，考个中师，能自食其力，也就可以了。但在当时，一般中等专业学校都不招收残疾考生，更不用提师范学校了。他考分很高，却连参加体检的资格都没有。1987 年韩芳高中毕业，招生环境与三年前相比已经好了许多。韩芳参加高考，考分仍然很高，虽然未被第一志愿录取，但当时已有了专门招收残疾考生的山东滨州医学院医学二系，他如愿以偿拿到了大学录取通知书，从此踏上一条自己并不完全了解但显然与以往迥然不同的命运之途。五年的本科生活是短暂的，但对他影响深刻。韩芳说：“以前是很自卑的，门都不敢出。不仅社会对我们有偏见，其实我们对社会也有偏见，总是戴着有色眼镜看东西，看什么都是灰暗的。接受系统教育，我觉得最重要的不是掌握了一种生存技能，而是完全走出了在阴影中生活的心理状态，走出闭锁的自我，学会了与人相处。只要你有实力，还是会得到尊重的。”韩芳就是带着这种自信，来到北京。1992 年他以总分第一名的成绩考取北京医科大学的研究生，进入该校第二附属临床医院——北京人民医院。现在已是主治医师的韩芳，拥有自己独立的实验室和价值数百万元的科研设备。由于科研成就突出，他受到美国有关方面的邀请。虽然美国的科研环境优越，但他仍然决定留在祖国。韩芳是幸运的，他生活在一个对残疾人来说，教育环境已经显著改善的时代。伴随着改革开放的进程，我国残疾人教育工作进展明显，已经初步形成从学前教育、义务教育到中高等教育、成人教育的残疾人特殊教育体系。残疾儿童特殊教育纳入国家普及义务教育的总体规划，同步实施。目前，在普通学校随班就读已经成为残疾儿童接受义务教育的主要形式，盲、聋、弱智儿童入学率已达 64. 3%。职业教育与培训初见成效。五年来共有 89 万残疾人接受了不同层次的培训。残疾人中高等教育也取得可喜进展。试办了盲人高中和聋人高中，相继成立了长春大学特殊教育学院、滨州医学院、天津理工学院聋人工学院等三所专门招收残障学生的高等学府。金陵职业大学、北京联合大学开设聋人计算机、针灸推拿、美术装潢设计等专业。上海美术学院开设了聋人美术专业。数千名残障学生就读普通高校，上线残疾考生的录取率近几年稳定在 90% 以上。1994 年，国务院颁布实施《残疾人教育条例》，保障残疾人受教育的权利。正是在这样的教育环境中，越来越多的残疾人像韩芳一样实现了入学的愿望，沿着自立的阶梯攀登。

（原载《中国残疾人》1998 年第 12 期）

中国第一助残大学

全志强

大学，在众多的残障学生眼里仍然是一个冲不破的“禁区”。目前，我国专门招收残障学生的高等教育学院也仅有三所，我省的滨州医学院排在首位。滨州医学院医学二系成立以前，全国没有一家可让残障学生考读的大学。上大学，对于残障学生来说，是一个难圆之梦。面对许多高考分数很高而被高校拒之门外的残障学生，曾参加高校招生工作的滨州医学院主管教学的副院长郭玮感到惋惜。1984 年 8 月中旬，他经过反复思考，认为可以办一个专门招收残障学生的医学系。招生归来，郭玮同志将这一设想向院领导做了汇报，得到了领导的支持。同年 9 月，学校向省教育厅、省计委打了报告，11 月，院党委特派人赶赴北京，找到刚刚成立的中国残疾福利基金会理事长邓朴方同志，汇报了滨州医学院创办残疾人医学本科事宜。邓朴方表示：“开发残疾人智力资源是一件很有意义的好事。”赞同之余他提出办好这个残疾人本科班，关键是教育质量要能与普通大学的教育质量相媲美。第二年（1985 年）1 月，卫生部、中国残疾人福利基金会正式派人到滨州医学院考察办学条件，考察后认为：“你们提出开办一个专门招收残疾考生的医学系，这是件大事，也是件好事，是件大好事。就全国来说，是第一家，具有开创性意义。”就这样，1985 年 9 月，中国第一个“残疾人大学”产生了，57 名残障学生于当年幸运地跨进了大学校门。

采访滨州医学院医学二系后发现，这里几乎每一位大学生都有一段曲折的升学经历。张雷，安徽籍，1978 年生，滨州医学院医学二系 96 级大学生。记者见到他时，他身穿一件褪了色的中山装，身材瘦小，谈话中略带几分腼腆。三年时间过去了，他谈起当年上大学的情景仍然有几分辛酸。1996 年 7 月，张雷于淮北市一中毕业后参加高考，以 597 分的成绩高出安徽重点本科线 60 分。可是，由于他的左眼因伤致残，未被高等院校录取，失去了继续深造学习的机会。他告诉记者，当时仅有 18 岁的他几乎无法挺过那段惨烈的日子，只好又重新回到母校——淮北一中复读，准备来年再次报考，等待有个好运气。在张雷复读的日子，有老师向张雷提出建议，将自己的情况向有关新闻媒体和有关部门反映一下。于是，小张雷一连写下三封恳求上学的书信，分别寄往《辽宁青年》《半月谈》和“国家教委”。1996 年 10 月，《半月谈》杂志第 19 期“时事寻呼”专栏照登了张雷的来信，并以《谁来帮帮这个农民的儿子?》为题编发了主持人汤延涓的文章。文章中疾呼：面对张雷同学的不幸，每一个有良知的人都不会袖手旁观，同时，我们也希望有关的高等院校，能够对张雷同学的遭遇予以关注、同情、帮助和支持。因为我们扶持的不仅仅是张雷同学本人，而且是一种自强不息，积极进取的奋斗精神。滨州医学院院长李武修从《半月谈》刊物中这一消息，特批：请安徽淮北的张雷同学破例到我院就读。同年 11 月 1 日，是张雷同学跨入大学校门的日子。这一天，张雷同学心里有一种说不出的喜悦。三年时间过去了，对于这个幸运的日子，他记得清清楚楚。

15 年来的高教助残史，也是滨州医学院发展的辉煌史。医学二系已从北京、天津、河北、山西、江苏、浙江、安徽、江西等 15 个省市招收残障学生 586 名，已有 403 名毕业。其中，有 16 名残障大学生考取了北京医科大学、首都医科大学、同济医科大学、哈尔滨医科大学、浙江医科大学等院校的硕士研究生、博士研究生。有 60 名大学生获得了中国残联奖学金，8 人获得了“德敏学习成才奖”，殷兆芳、韩芳、任乐等学生曾多次受到省教委表彰。在国家教委组织的四、六级外语统考中，滨州医学院历次考试成绩最好的有 80% 为残障大学生。特别值得一提的是一位叫韩芳的残障大学生。他从小生活在农村，因小儿麻痹而致残。这位毕业于滨州医学院残疾人医学二系的大学生，现在已在北京拥有自己的实验室和数百万元的科研设备。1997 年秋，在德国菲利普利大学召开的世界第五届睡眠呼吸障碍研讨会上，韩芳和他的论文引起了世界各国与会人员的一致关注。当时，他刚刚获得北京医科大学呼吸内科博士学位，年仅 29 岁。

医学二系的创办，在国内外反响强烈。滨州医学院也因此而名声大震。国家人事部、国家教委、中国残疾人联合会等八部委表彰其为“全国助残扶残先进集体”，省教委先后12次表彰其在探索残疾人教育规律方面取得的科研成果。新华社向世界80多个国家和地区介绍了学院的助残教育。1990年，滨州医学院迎来了第一批国际学术交流的外宾——国际“彩虹医疗队”，他们一行14人来滨州医学院进行了为期五天的口腔、儿麻矫形及麻醉等方面的学术交流。在学术讲座中，国际“彩虹医疗队”的史密斯教授和滨州医学院的毛宾尧教授分别讲授了两篇医学论文。毛教授的讲座，得到外国同行的高度评价。此后，“彩虹医疗队“先后多次来滨州医学院开展学术交流活动，并建立了以矫形外科为主的”中国国际学术交流中心。澳大利亚、美国朋友均自愿无偿地为学院捐助康复器材，并为残障学生讲学和交流访问。滨州医学院的助残事业愈传愈远，还吸引了英国的一位青年慕名前来执教。这位名叫约翰的英国青年告诉记者，他对中国尤其对滨州医学院二系的残障大学生们的精神印象非常深刻，他认为医学院所做的助残高教事业无论在中国还是在世界上都是伟大的，他第一次来中国就谋求到这样一份事业，感到十分荣幸。

《残疾人保障法》《残疾人就业条例》以及有关残疾人工作生活的若干规定，形成了我国较完备的发展残疾人事业、保障残疾人合法权益的法律体系。但是，残疾人更需要人们在观念上的认同。浙江有一个双腿残疾的毕业生，分回本地区后，地区医院坚决不要，市医院也不愿接纳，甚至连郊区医院也不肯接收，致使分配方案一改再改，最后拖了半年多时间，他才拖着双拐走进了中医院的门槛。一位来自昌邑的残障学生，入学前曾站在黄河岸边对天发问：“残障学生出路何在?”进入滨州医学院后，他学习刻苦，成了班里的尖子生，毕业被分配到某地区后，当地的几家医院都将他拒之门外，他再次在黄河岸边徘徊。后来一家中医院得知此事，将其迎进院，并让他办外语班，教授英语，他以后成了这家医院的业务骨干。谈到医学二系的大学生就业问题，二系主任李克祥结合当前学校情况，分析了个中难点。他说，残疾人高等医学教育正面临新的挑战和发展机遇，希望与困难同在。滨州医学院办学经验表明“区域一体化”模式（即残障学生在生活与学习上保持相对独立性）适合残疾人教育，但是由于经费等方面的原因，学校还难以完全实现这一模式。残障学生多数来源于贫困地区，或因疾致贫，或出于多子女家庭，困难比例明显高于普通学生。招生并轨后，有半数学生交费困难，25%的学生属特困生，求学压力很大。李主任表示，校方面对困难，知难而进，坚持特色办学，正积极与有关部门协商合作，充分发挥国家对残疾人高等教育的政策优势，改善办学条件，减轻学生负担，为残障大学生创造更好的教育环境。

（原载 1999 年 5 月 7 日《齐鲁晚报》）

飞吧，鸽子

张海迪

童年时我在医院住过很多次，也住过很长时间，傍晚妈妈常背我到一个公园里坐一会儿，让我看看花草和一个池里的金鱼。可我并不喜欢看花草金鱼，我喜欢看不远处坐在绿荫下的石凳上读书的年轻人，妈妈说他们是医学院的大学生。我很羡慕他们，总是很安静地望着他们，在我遥远的记忆中，女大学生梳两条辫子，捧一本又厚又大的书，读书的样子很娴静，男大学生穿白衬衣戴黑框眼镜，显得很文雅，妈妈说他们读了那些书就能当医生了。我很希望自己长大也能成为医学院的大学生。也许我就是那时想当医生的。后来我真的当了医生。我独自学习，翻开又厚又大的医学书本时，就回想起那群医学院的大学生，能进大学的校门是我最大的理想。可对于一个残疾女孩子，坐在大学课堂里只是一个美丽的梦。

1985 年的一天，滨州医学院的领导和老师来到我家，他们告诉我滨州医学院成立了医疗二系，这个系专门接收残障大学生。学校请我给同学们写一封贺信，那是让很多残疾人兄弟姐妹欢欣鼓舞的事。在此之前，他们很多人因为身体残疾被大学拒之门外，有的虽然历经艰辛进入大学，却受到不公正的待遇——他们的录取分数要高出健康学生几十分！不公正的生活也让他们的身心承受了更深的创痛。医疗二系的建立给了他们人格的尊重和尊严，也给了他们一片蔚蓝的天空，让他们终于有机会向蓝天飞翔了。

从此几乎每年我都会在开学后收到那里同学的来信，我也给他们写信。每一次给他们写信我总是感慨万千。遥想他们的未来，我的眼前就仿佛飞过一群白鸽……十几年过去了，那群白鸽已经高高地飞向远方。当年医疗二系的同学们现在有的成了医生，有的还成为硕士、博士。医学科学的进步是以无数人的生命和忍受的病痛体验为代价的。医疗二系的同学们品尝过病痛，他们把痛苦的体验用于临床，为患者解除痛苦，他们中的很多人还把自己从一个病孩子成长为医生的经历写成散文。于是就有了《飞吧，鸽子》这本书。其实每个人都是一本打开的书，而残障大学生写的书或许有更让人感动的力量。他们有过无奈的叹息，也洒下过伤悲的泪水，可是却没有无病呻吟。在书中，我们看见的是灯下的苦读身影，听见的是不屈的心依然在歌唱。他们以顽强奋斗的精神和优异的成绩给残疾人兄弟姐妹做了好榜样，他们以百折不挠的意志品格向社会，向所有的人证明了这样一个真理——世上无难事，只要肯攀登。

写到这里，我的心底忽然回响起一支歌，十几年前人们就熟悉的歌，我愿它把最美好的祝愿带给医疗二系的同学，无论千山万水，无论海角天涯，都让这支歌伴着我亲爱的兄弟姐妹：鸽子啊，在蓝天上翱翔，带着我殷切的希望，我的心永远伴随着你，勇敢地飞向远方。云啊，懂得你的意志，雾啊，了解你的目光。飞吧飞吧，我心爱的鸽子，风雨里你永不迷航……

（原载 2000 年 10 月 16 日《齐鲁晚报》）

走近中国第一残疾人系

袁家照

身残志不残，那绝对不是传说。据了解，目前，我国专门招收残障学生的高校只有三所，滨州医学院是我省仅有的一所，也是全国第一所。我省残疾人数量已达 350 万，滨州医学院每年在省内招生也仅有二三十人。让所有的残疾人都能够上大学是不可能的，但是让更多可以上大学的残障学生圆了自己的求学梦却应该是我们永不言放弃的事业。

刚刚收到的喜悦。2000 年 10 月 14 日早晨 6 点，飒爽的秋风中，滨州医学院北门，汇集了几位特殊的学生。晨练的学生们满面红色，气喘吁吁地从这几位同学身边跑过，一片树叶连续打了几个寒战，最终飘落下去。与寒冷的天气形成强烈对比的是，学校门口的这几个学生的心。他们的心里暖融融的，寒风无法把激动的表情从他们脸上吹落。他们马上就要上路了。那条通向省城济南的路同样让清冷的天气胁迫不到这位特殊的同学，一辆白色的中型客车内，他们谈笑风生。坐在前排的滨州医学院二系主任李克祥，时不时地回头询问他们的学习和生活上的一些情况。从滨州通向济南的路并不遥远，但是对这几位同学来说，他们从家乡带着父母的希望和对明天的憧憬来到滨州，又从滨州赶到济南去接受他们夜以继日拼搏才赢得的那份荣誉和激励，他们走过的路已经够漫长，够艰难了。他们是代表滨州医学院二系的 200 多名学生中 12 名获得今年山东省“自强杯”优秀残障大学生奖学金的同学，到省城济南领奖的。在这次获奖的全省的 34 名学生中，滨州医学院二系的学生就占到 35%，了解这一情况的学校的老师和同学都说，“二系人”真行，又一次为我们增光了。当天上午 10 点，山东省“自强杯”优秀残障大学生奖学金颁奖仪式在济南华能大厦五楼举行。原副省长、省残疾人福利基金会理事长马连礼，省委高校工委副书记田建国，省残联理事长马连印，省残联副理事长白志学、周克明，全国劳动模范、全国政协委员、中国残联肢残人协会主席、省残疾人福利基金会理事长张海迪为获奖学生颁奖。张海迪在即席发言中特别提到了滨州医学院二系，并与该系前来领奖的师生合影留念。滨州医学院在这次颁奖仪式上，可谓成绩显赫，这是滨州医学院200多名残障学生刚刚收到的喜悦。

15年浓缩成一本书。15年前大学在残障学生看来是可望而不可即的。那时在国内数以千计的高校中，没有一家大学是残障学生能够报考的学校。面对众多高考分数很高但是被高校挡在门外的残障学生，曾经参加高校招生工作的滨州医学院主管教学的副院长郭玮为这些学生深深感到可惜。1984年8月中旬，郭玮经过深思熟虑，认为可以办一个专门招收残障学生的医学系。从外地招生回来后，他把这一设想向学校领导说了，并得到支持。该设想很快得到省内、国家有关部门和领导的赞许，当时刚刚成立的中国残疾人福利基金会的理事长邓朴方听取了有关汇报后表示："开发残疾人智力资源是一件很有意义的好事。"他提出，办好这个残疾人本科班，关键是教育质量要能与普通大学的教育质量相媲美。1985年1月，卫生部、中国残疾人福利基金会正式派人到滨州医学院考察办学条件，考察后认为："你们提出开办一个专门招收残疾考生的医学系，这是件大事，也是件好事，是件大好事。就全国来说，是第一家，具有开创意义。"1985年9月，57名符合条件的残障学生从全国各地奔赴滨州，我国第一个专门招收残障学生的五年学制本科临床医学专业诞生了。这开创了我国残疾人教育的先河，受到国内外国际广泛的赞誉，被称为"天底下的大好事"。15年来，滨州医学院二系已经从北京、天津、广西、贵州等15个省市招收600多名学生，400多名顺利毕业，有38名同学考取北京医科大学、浙江医科大学、同济医科大学、中山医科大学等学校硕士、博士研究生（其中六名获得博士学位）。先后有60名学生获得中残联奖学金，八名学生获中残联"德敏学习成才奖"。滨州医学院二系成功了，新华社向世界80多个国家和地区介绍了学院的助残教育。1990年，国际"彩虹医疗队"一行14人来到滨州医学院进行了为期五天的口腔、儿麻矫形及麻醉等方面的学术交流活动。此后，"彩虹医疗队"先后多次来滨州医学院开展学术交流活动，并建立了以矫形外科为主的“中国国际学术交流中心”。澳大利亚、美国朋友均无偿为学院捐助康复器材，并为残障学生讲学和交流访问。几年前，一位名叫约翰的英国青年慕名前来执教，他曾经这样说，医学院所做的助残高教事业无论在中国还是在世界上都是伟大的，他第一次来中国就谋求到这样一份事业，感到十分荣幸。15年了，是滨州医学院二系的学生让滨州人改变了对残疾人的看法。最初，滨州当地有些人认为招收这么多的残疾人会影响滨州市容，现在看来这种担心十分没有必要。滨州医学院二系的学生用自己的形象赢得了社会各界的青睐，一位本地的机关干部专门打电话找残障大学生给自己的孩子做家教，并且让那名残障大学生吃住在自己家里，从生活中的点滴小事来影响自己的孩子。记者前去采访时，滨州医学院二系的老师正在通过以前的学生联系中国文联出版社，他们想出一本书。书的内容就是滨州医学院二系历届学生挑战命运彩绘人生的道路，还有学生们在学校的一点一滴的感受。张海迪为此书作序，书的名字定为《飞吧，鸽子》。15年了，春去秋来，花开花落，所有的故事都浓缩进这本书里。

故事很多宛如平常一段歌在记者采访过程中，记者感到每一位二系的学生都有很多故事要向记者诉说，在他们的心中有一曲曲自强不息的生命之歌在奏响。他们无法选择自己的身体，但是他们完全可以把握自己今后的人生道路。李先涛是滨州医学院二系97级学生，1979年出生于山东郓城县的一个偏远小村。不满一周岁时，厄运便降到了他的头上，小儿麻痹症使他落下腿部残疾。祸不单行，他八岁时，父亲又意外遭遇工伤，失去了一只手，从此家庭更加困难。1997年9月，李先涛怀着对未来的美好憧憬来到滨医二系。入学那天，他就知道滨医出了众多人才。李先涛把老师希望他成为“名医”的激励作为自己的人生目标，从此，他暗下决心，五年后一定要考上中国最好的医学研究院。他从此惜时如金，分秒必争，他总是最后一个走进食堂，这样可以省去排队的时间，又可以在教室多读一会儿书。晚上宿舍熄灯后，他总是在走廊里再读一会儿书，待宿舍“卧谈会”平静后安然入睡。老师和同学们都说李先涛是“永动机”“高速发动机”。在大学一年级时，他就自学完了大学英语的全部课程。连续三年，他都取得了智育、综合测评成绩双项本专业第一，被评为学院三好学生标兵。在1999年的全国大学生英语竞赛中李先涛获得一等奖，今年春天他通过了国家计算机二级考试，今年6月份的全国大学生英语六级统考中他取得了90分的好成绩，又是这次山东省“自强杯”优秀残障大学生奖学金一等奖获得者。李先涛的生活总是异常节俭，穿的是最普通的衣服，吃的是最便宜的饭菜，每月的生活费从不超过100元。因为他懂得每逢缴学杂费时，双亲那愁苦的表情和东借西凑的身影。然而，当别的同学遇到经济困难时，他总是毫不犹豫地从已经很紧张的生活费中再挤出一些来帮助他们。临床医学本科98级4班王德勇同学身患癌症时，他捐款10元；1998年我国长江、松花江、嫩江遭遇洪水时，他又捐款20元。二系是个特殊的集体，李先涛总是尽自己最大的努力帮助其他残疾同学。宿舍里，他总是抢着打水、扫地，替别人买饭打菜。由于他脾气好，诚实勤劳，同学们称他“老牛”，说他像黄牛一样勤恳老实。为了减轻父母负担，他利用假期和周末做家教。今年暑假和以前的每个假期一样，放假回乡看望父母后，他又匆匆返回校园，一边开始全面复习考研的有关课程，一边给三个中学生做家教。他总是尽自己最大努力帮助成绩落后的同学，多次为同学们做学习经验报告。他说：“一枝花开不是春，满园花开香满园。”李先涛已成为全院同学学习的榜样。“我要攀登世界科技高峰！”——这就是李先涛同学的目标。

在残疾人医学系还有一位年过半百的学生辅导员，学生们亲切地称她为“妈妈辅导员”，同行们尊敬她为“前辈”。她就是二十年如一日辛勤工作在学生工作第一线的郭秀瑞老师。创办残疾人医学系之初，工作一向认真、善于做思想工作的郭秀瑞老师被领导选中。从此，郭老师送走了一届又一届毕业生，如今可谓桃李满天下，她的学生遍及十几个省市，有的学生在美国、香港从事研究工作。残障学生存在着自卑和过于敏感的自尊，有不少的学生存在偏激倾向，郭老师和同事们一起用心理学的知识探索残障大学生的心理特点和个性特征，根据特点因材施教、对症下药，始终把引导学生走正确的人生道路和坚持正确的政治方向放在工作的首位。郭老师在学习中先后开展了“学习张海迪”“学习朱彦夫”等活动，她要求二系的学生要成为展现当代大学生风采的窗口。她说：“残障大学生应当也能够做得更好。”郭老师深情地爱着她的学生，她总是说：“想一想，假如这是我的孩子。”谁也记不清多少次学生生病郭老师求医送药，也无从计算多少次郭老师给学生送衣送饭。1994年冬天，她管理的一名学生因故产生了轻生的念头，她知道后找这位同学多次谈心，但这位同学异常执拗，竟不辞而别。郭老师与班长一夜骑车找遍滨州的大街小巷，第二天又同系主任去淄博火车站寻找，直到找到这位同学。当看到异常憔悴的老师时，学生惭愧地哭了，而郭老师毫无责备，却风趣地说："你这是和我们捉迷藏呢！"严增素，乐观善良的河北姑娘，把新婚第一站放在了母校，同学们在宿舍为她举办了简朴的婚礼，郭老师以娘家人的身价出席，烛光映红了郭老师和严增素及同学们幸福的脸。在美国的韩芳博士寄来了他在国际学术会议上宣读论文的照片，信中他满怀深情地对郭老师说："您是我成功的阶梯，您用心血铺就了我们通向未来的路。"教师节或许是郭老师最幸福的日子，当贺卡从天南海北寄来，当问候从四面八方传来，她似乎又看到了自己那些可爱的学生。

（原载 2000 年 10 月 20 日《济南时报·太阳周刊》）

残障学生的“再生之地”

——记山东省滨州医学院

范有德

山东省滨州医学院是我国最早开办残疾人高等教育的学校，该校残疾人临床医学系至今先后招收653名残障学生入学深造。学院党委认真研究这些特殊大学生的实际情况，探索出一套做好他们思想政治工作的有效途径和方法，把一批批肢体残疾的学生培育成了品学兼优的建设人才。

这些学生由于肢体残疾，多数又来自困难家庭，与一般大学生相比，他们的学习、生活困难更多，精神负担更重。针对这种情况，学校领导和教师们形成共识：要给这些学生更多的关爱，实实在在地为他们排忧解难。于是学校克服经费困难，为残障学生建起了专用的微机房、浴室、洗衣房和康复活动室，为他们的学习和生活提供了方便条件。同时通过多种途径解决残障学生的经济难题，保证他们都能完成学业。学校根据每个学生的身体状况，逐个研究因人而异的教学计划，并让他们与正常学生共同上课和实习。

该校还成功地探索出教育与肢体、心理康复相结合的办学路子，利用附属医院的技术优势，先后为84名肢体残障学生施行了矫形手术，使他们从形体到机能都得到很大改善，使不少同学扔掉了相伴十几年的拐杖。同时，建立心理健康教育咨询中心，积极实施对残障学生的心理康复，组织他们参加校内外的公益活动，培养他们自信、自立的意识和健全的人格。就业是困扰每个残障学生的重大难题，学校每年都主动为毕业生联系就业单位，帮他们解决就业中遇到的各种实际困难，使他们全部找到了用武之地。

用学生熟悉的人和事对残障学生进行生动活泼的思想教育，是滨医党委帮助学生树立正确的人生坐标，以奋发进取精神对待学习和生活的另一有效做法。张海迪、朱彦夫是我国残疾人的楷模，院党委组织学生反复学习这两个先进人物的崇高品质。为激励在校生奋发成才，校党委在对往届毕业生进行调查的基础上，整理出一份数万字的《往届毕业生寄语在校生》文稿。这些寄语充满了往届残障学生对在校生的关心、对学校创办残疾人高等教育的感激，他们的体会和希望，隐含着他们多年来求学、求职、成才的坎坷而丰富的经历，是发自肺腑之言，有许多真知灼见，读来令人感动。校党委组织残障学生开展“读往届生寄语，争做跨世纪优秀大学生”的自我教育活动，大家认真地读寄语，写心得，谈体会，许多同学的心灵被深深震撼了。

滨州医学院深入的思想政治工作，像春风一样温暖着残障学生的心，他们都以优异的成绩毕业，走上工作岗位后很快成为当地医疗卫生事业的骨干。在这些学生中，共有 44 人考取硕士、博士研究生，其中有的已成为国家级学术带头人；先后有 80 多人获得中国残联和省残联颁发的奖学金，还有一些学生获山东省或全国的三好学生称号。真诚地关心爱护学生，及时为他们解决实际困难，成为最有效的思想政治工作。许多残障学生因此与滨州医学院建立了深厚的感情，称该校为自己的“再生之地”，决心发奋成才，为社国贡献自己的聪明才智。

（原载 2001 年 4 月 6 日《光明日报》）

滨州医学院特色教育结硕果 80 名残疾学子考取研究生

王存金

7 月 6 日，带着全体师生的嘱托和期望，滨州医学院残疾人临床医学系的 46 名残障大学生完成学业，依依不舍地离开校园。据了解，该院至今已先后招收残障大学生 789 名，其中 554 人毕业走向社会，许多同学考取了研究生；在校学习期间，有 117 名残障大学生得到了康复治疗。

为了让残疾青年像正常人一样享受高等教育的权利，滨州医学院自 1985 年开始尝试特色教育，专门设立了残疾人临床医学系，面向全国招收残疾青年入学深造。创办残疾人医学本科专业，属全国首创，没有成功的先例可以借鉴。滨州医学院立足本院实际，面向全国，广采众家之长，结合残障学生的身心特点，逐步探索出区域一体化的培养模式，注重提高残障学生的整体素质，强化外语和计算机教育，引导残障学生乐观进取，自强不息，勤奋学习，努力成才。至今，该院已有 80 名同学考取了硕士、博士研究生，其中 2003 届有 40%的毕业生考取了硕士研究生。在这些残障大学生中，有一批优秀青年脱颖而出，先后有 60 名学生获得中残联奖学金，8 名学生获得中残联“德敏学习成才奖”。在今年毕业的 46 名残障大学生中，有 16 人考取硕士研究生，7 人加入中国共产党，2 人响应党的号召报名支援祖国西部开发。残障大学生毕业后，许多人成为单位的业务骨干，以实际行动回报社会。

来自全国的残障大学生，不但在滨州医学院受到了高等教育，而且得到了康复治疗。许多青年拄着拐杖进校，康复后离校，成为身体健康的人才。自建立残疾人临床医学系以来，该院将教育与康复相结合，为残障大学生建立了 20 万元的康复基金，充分利用附属医院的技术优势，利用寒暑两个假期，为残障大学生进行康复治疗。到今年6月，已经有117名残障大学生在校学习期间得到了康复治疗，形体和机能得到了改善。许多大学生扔掉了相伴20多年的拐杖，成为完全健康的大学生。

滨州医学院设立残疾人临床医学系以来，开展了多层次的专项国际学术交流，美、法等10多个国家和国际机构的人士先后到该院访问。国际劳工组织官员戴布拉女士来该院考察时，对其残疾人教育模式、教育质量给予了高度评价。

（原载2004年7月13日《大众日报》）

滨医特教学院定为“全省扶残助残先进单位”

孟垂政　于伟伟

记者今日从相关部门获悉，经滨州医学院推荐、山东省残联等部门评选，滨州医学院特教学院被确定为受山东省委、省政府表彰的“全省扶残助残先进单位”。

同时，特教学院2004级马小松同学获山东省人事厅、省残联“全省自强模范”荣誉称号。据悉，省委省政府将择机对全省扶残助残先进单位和自强模范进行表彰。

（原载2009年1月5日“烟台大众网”）

盲人针灸推拿有了本科班，滨州医学院首次单招

李楠楠　马晨阳

滨州医学院中医学（针灸推拿方向）今年面向全国招收 16 名视障考生，录取后考生将开始五年制医学本科的学习，这意味着盲人针灸推拿有了本科班。

4 月 7 日至 8 日，滨州医学院与北京联合大学在北京联合大学特教学院举行了 2012 年残疾人高等教育单考单招录取考试，来自全国 29 个省自治区直辖市的考生参加了此次考试，其中报考中医学（针灸推拿方向）视障考生 44 名。

“目前正在阅卷，预计 4 月下旬就能出成绩。届时被录取的学生将会同 2012 级新生在 9 月份一起开学。”滨州医学院特教学院办公室主任王友磊说，“考虑到保证学生的培养质量，预计将录取 16 名考生，学校将为录取的视障考生单独设立班级，改造部分宿舍和食堂，保证新生有一个良好的学习生活环境。”

王友磊介绍，这是目前省内首次面向视障考生招收中医学（针灸推拿方向）本科专业。

（原载 2012 年 4 月 13 日《齐鲁晚报》）

山东滨州医学院以优质教育培育残疾人优秀人才

赵焕祥　刘志敏　吕海波

自2011年，滨州医学院残疾人教育的消息频频在主流媒体出现。刘永康同学获得“中国大学生自强之星”提名奖（排山东赛区第一位），烟台日报以《滨州医学院残障学生创奇迹　13人考研10人过线》为题，对学校残障大学生的考研情况进行了报道，国家教育信息网、搜狐网、凤凰网等20余家网站相继进行了转载。2011年5月12日，烟台晚报对贫困学生张松松在学校资助下考取武汉大学研究生予以报道，在社会上引起了广泛的反响，腾讯网等多家网站对此进行了转载。

2012年又有多家媒体报道滨州医学院的残疾人教育。残疾人教育的独特魅力吸引人们关注这所普通又不同的大学，在有“中国第一助残大学”之称的滨州医学院，人们可以看到残障大学生自由徜徉，时时展现灿烂的笑容；人们可以看到在充满挑战的人生路上，他们以特有的姿态走得如此坚定铿锵；看到我国残疾人高等教育的“报春花”始终迎风绽放。

人是教育的目的。一切教育都是为了人的尊严和幸福，为了人的自由和谐全面的发展。滨州医学院的残疾人教育，坚持以人为本，科学育人，取得丰硕成果，彰显了独特的人文魅力。

一、仁心：博爱育人，唤醒尊严

学校以博大的胸怀欢迎和接纳残障学生，以博爱的情怀关心帮助每一个残障学生；以保障残疾人的平等权利为起点，对残障学生高看一眼、厚爱一分；以特殊关怀提升了残疾人的生命尊严，为残障学生提供优质教育，所有学生都在最好的医院实习，都有最好的教师带教，都在最方便的教室学习，展示了学校有教无类的教育情怀。学校完善无障碍设施，尽可能为学生创造方便的生活环境，为残障学生设立专用的洗衣房、浴室、计算机房和建设房，为学生出行配备了电动车和轮椅，成立助残志愿者队伍，残障学生可以自由幸福地生活。

学校设立了残障大学生康复基金、文杰奖学金、就业创业基金，建立了激励保障机制，每年资助奖励学生10万元。2011年全校近100名残障大学生资助和奖励，受益面达80%以上，像张松松等特困生都能够有尊严地生活、健康地成长。学校建立辅助残疾人成长的社会支持体系，附属医院设立学校首个学士后工作站，帮助就业困难的残疾同学，为他们提供缓重和再次起跳的机会，已有马小松多名同学，在这个平台上边工作边学习，考取研究生，获得更高层次发展的机会。

学校倡导尊重关心残疾人的风气，扶残助残已成为师生员工的生活习惯，在残障学生生活的每一个需要的方面，总有人伸出温暖有力的手。河北重残学生孙月明，父母和弟弟妹妹都是残疾人，学校了解情况后，让坐在轮椅上的孙月明带着轻度残疾的妹妹来上学，为妹妹小翠提供食宿和餐厅保洁工作。学校还为孙月明调整了专业和专门制定了培养方案，其顺利毕业后在社会的帮助下，在一家企业从事人事管理工作，姐妹两个成了家里的顶梁柱，支撑起了一个完整的家。孙月明妈妈说，医学院做了天底下最好的事。餐厅保洁员宋海燕，几年来在兢兢业业工作中，帮助身体不便的重度残疾同学，帮打饭、吃饭，为他们洗衣洗头，无微不至的生活帮助和善解人意的关心使她成为学生心目中的“知心妈妈”。

欣赏是最好的教育。全校师生员工尊重、理解、关心残障学生，当他们以特有的姿态整齐走在校运动会入场式上，上万名师生瞩目挥手欢迎，当他们在校园舞台深情歌唱，所有观众动情唱和。关怀、欣赏成为激励学生发奋的动力。

自强是最好的回报。残障学生在关怀中提升尊严，学会感恩，懂得责任。残障学生身残志坚、自强不息、乐观进取的人生态度也感染和影响着教师和同学，残健融合的校园生活成为滨医独特的人文景观，成为人道主义教育的“校本课程”“乡土教材”。

近几年，残疾人教育的特色内涵、人文价值得到更充分的展示，残疾人教育的人本理念和文化意义得到更深刻的认同，残疾人教育作为学校独特的人文资源，已成为滨医精神的集中体现和仁心妙术校训的生动诠释。

二、妙术：科学育人，和谐发展

自 1985 年创办我国第一个残疾人高等教育专业至今，滨州医学院坚持以人为本的办学理念，科学育人，努力探索适合中国国情和残疾人特点的高等医学教育路子，形成了残健融合、教育与康复相结合的残疾人人才培养模式，促进学生健康成长、和谐的发展，切实提高人才培养质量，展示了学校因材施教高超教育智慧。

融合教育促进健康成长。残健融合，即残障学生在相对集中教育管理的同时，与健全学生共同学习、共同生活，促进学生更广泛的参与、更深入的交流、更充分的融合。这种“有分有合，有同有别”的模式，有利于残疾人融入社会健康成长，有利于解决他们的特殊问题和个性化发展需要，有利于学生之间互相交流和学习，被专家称为融合教育的“滨州医学院模式”。

教育与康复相结合促进和谐发展。教育与康复相结合，就是把教育过程和残疾人的康复过程结合起来，实现康复与教育的互动融合。学校对每一个学生进行查体，制定康复方案，累计为 200 余名肢体残疾的学生施行了矫形手术和安装肢具，今年康复基金支持八名同学康复矫治，龚涛等三名从小爬着走的同学第一次在校园里站了起来，他们现在能方便地到校园的任何一个地方，他们已自信地昂首走上成才的大道。开发残疾人适宜的坐式排球、瑜伽、轮椅舞体育项目，鼓励和支持他们参加各种体育锻炼和比赛，展示意志和力量之美。针对残障学生的心理问题和普遍的心理教育要求，开展积极心理学教育，形成“以健康自我为核心”的综合心理教育模式，取得显著成效，学生面对社会种种压力，没有退缩，没有懈怠，而是积极应对，勇于挑战。学校创造条件引导学生参加社会实践和校园文化活动，学生在丰富多彩的社会活动中提高了综合素质和社会适应能力，肢体、心理、社会综合康复促进了和谐发展。

特殊教育促进个性发展。坚持全面发展与个性发展的统一，尊重特殊需要和特殊规律，着力提高社会适应力、专业竞争力、人格亲和力。学校考虑残疾人的身心特点和未来职业发展需要，实施了个别化培养方案，强化影像学、病理学、皮肤病学等课程，指导学生扬长避短、发挥优势，增设针灸推拿选修课，2010 年，22 名同学获得国家主管部门颁发的资格证书，提升专业竞争力。多年来，残障学生考研率、就业率，一直名列学校各专业前茅，2012 年，临床医学专业 17 名学生全部参加研究生考试，上线 13 人，录取 8 人，近 50%学生考取研究生。残疾人教育创办之初，邓朴方同志提出："希望能有与健全人相媲美的质量。"后来，他了解到滨医的办学情况后说："滨医的学生很优秀，是我们的骄傲。"

三、弘毅：文化育人，砥砺人格

学校注重人格教育，不仅让残疾同学身体上站起来、强起来，让他们能力上站起来、强起来，而且，让他们精神上、人格上站起来、强起来。

实施"筑魂工程"，创新德育机制，坚持科学精神与人文关怀的统一，以科学理论增长学生发展智慧，培养辩证思维，树立积极心态，正确面对残疾，正确面对挫折，正确面对偏见。开展尊重生命主题教育活动，开设《论语》等选修课，培养感恩心、责任心、进取心，激励残障大学生塑造积极健全人格，提高人格亲和力。

创立"杰出残疾人校园行"校园文化品牌，以杰出残疾人为榜样树立人格理想。先后请我国第一个盲人医学博士李雁雁、残奥会冠军吕晓磊等人来校交流，请杰出校友中国睡眠学会理事长、北京大学人民医院教授、"泰山学者"特聘教授韩芳来校做成才报告，请杰出校友在美国从事医学研究的青年科学家席思川参加毕业典礼，"淡泊明志、宁静致远"的致辞成为对学弟学妹最深切的嘱咐。同时，注重培养和树立身边的榜样，让他们带领大家携手共进。近几年，学校培养了山东省自强模范马小松、全国大学生自强之星刘永康两个典型，成为全校同学熟悉、佩服的身边榜样。

凝练育人文化理念、培育文化人格。编写了《飞吧，鸽子》《仁心妙术济苍生》《弘毅人间——残疾人大学事迹选》《为了倾斜的大地》等反映学生成长的书籍。这成为学生喜欢的精神读本，从中学生们理解了他们，看到了自己；了解了过去，懂得了未来，领悟到弘毅品格应该成为他们的人生法宝和精神特质。

传承文化，传播文明。学校开展“教师访谈”，让每一个同学深入访谈一位敬佩的老师，走进滨医历史，走进滨医大家庭，挖掘滨医精神，感受人生智慧，学会人际交流；在国内高校最早成立手语协会，开设手语选修课，开展医用手语教学研究，暑期组织学生到青岛、济南手语调查，参加手语国际夏令营，为听障人士提供医疗手语服务；开展“感恩奋斗励志报告团”巡回演讲，组织“品牌家教”“暑期走访残疾人家庭”“医院用人需求调查”等活动，促进学生走进社会大课堂，走进大众生活，走进真实职场，在深入了解社会和传播现代文明理念中，培养学生的服务意识和奉献精神，提升学生社会适应力，砥砺品格。

四、跨越：开拓进取任重道远

在“仁心妙术”的校训精神激励下，残障学生们发奋成才，至今，学校为社会培养了近 1 000 名肢残高素质医学人才，残障大学生以乐观进取、责任感强而受到社会与用人单位的充分肯定，他们成为传播文明理念、促进社会和谐的社会栋梁。

近年来，残疾人教育在学校改革发展中的办学特色地位不断强化，残疾人教育对学校培育大学文化、提升育人理念和扩大学校社会影响发挥了越来越重要的作用。残疾人高等医学教育已成为学校鲜明的办学特色，受到了国内外的广泛关注和赞誉，成为展示我国残疾人事业成就的重要窗口，成为学校特色名校战略的重要实践载体。学校先后获得了全国特殊教育先进单位、全国扶残助残先进集体、山东省扶残助残先进集体等荣誉称号。

目前，残疾人教育迎来重大机遇。“十二五”期间是国家全面建设小康社会、加快推进现代化建设的关键时期，是实施建设高等教育强国战略的重要时期，党和国家做出加快残疾人事业发展的重大部署，政府出台一系列促进残疾人教育发展的政策和措施。残疾人教育问题越来越得到社会关注，人民群众热切期盼残疾人高等教育的科学发展，这一关系到国计民生的崇高事业迎来了跨越发展的又一个春天。学校全力实施“残疾人高等教育第二次创业”，积极发扬与时俱进、敢为人先的精神，勇于承担推动国家残疾人高等教育发展的责任，把残疾人教育作为学校重要的社会责任、办学特色来规划布局，发挥20多年残疾人高等教育所形成的办学特色和文化优势，发挥“医教结合”的学科专业优势，发挥与中国残联全面合作的机制优势。在“十二五”期间，构建培养高质量残疾人优秀人才和高层次残疾人服务人才协同发展的格局，利用烟台区位优势建设代表国家水平的特殊教育示范园区，努力培育与残疾人事业大国相符合的、具有标志性意义的教育品牌，做到从“第一个”到“最好”，成为展示我国高等教育成就和残疾人事业成就的窗口。

（原载2012年11月13日“中国广播网”）

第九届中国大学生年度人物候选人刘杨事迹

熊旭

刘杨，男，滨州医学院临床医学院临床医学专业 2011 级专科生。

2013 年 5 月 8 日，第 66 个世界红十字日，一支由滨州医学院、烟台大学、鲁东大学、山东工商学院等 8 支驻烟高校的 600 多名青年志愿者组成的器官捐献宣传服务队正式成立。可没有人会想到，发起人会是滨州医学院一名身患重症的在校大学生，他叫刘杨，2013 年 22 期《中国青年》杂志在“领秀”专栏以《在绝望中寻找希望》为题对其事迹进行了长篇报道。

他是全国首支大学生器官捐献志愿者团队的创建者，山东省在校大学生第一个签署器官捐献协议的大学生，驻烟高校第一个由烟台电视台进行专题报道的大学生。

一、千磨万击还坚劲 任尔辛苦遭逢

“每一次伤痛的背后，都是一位愈发坚韧的小男孩”。

——刘杨网络日志

刘杨，山东枣庄人，滨州医学院 2011 级临床医学专业的一名残疾重病学生。不幸的遭遇和难以忍受的病痛让富有爱心、勇于承担的刘杨更加坚定地选择了滨州医学院。他希望通过自己的努力成为一名优秀的医生，帮助那些像自己一样不幸的患者祛除病痛。入学后，他如饥似渴地学习，可在 2011 年，医生给刘杨下了病危通知书，并告诉他，两年之内，会大小便失禁，然后瘫痪在床。“我的春天在哪里?”言语之间，是一个 20 岁青年无法承受的生命的悲凄。

“如果挺不过明天，按照我的遗愿，把能捐献的全部捐献，让我的爱继续留在这个美丽的人间。然后把我葬在一颗白杨树下，旁边放一块石头，上面刻上：此处安睡着一位渴望阳光的小男孩。”

——刘杨网络日志

“我不能改变自己的命运，但我可以选择活着的方式”。为了不让年迈的父母担心，刘杨独自到北京求医，面对一次又一次的打击，刘杨没有怨天尤人，而是坚强乐观地面对挑战。在学校老师与同学的帮助下，北京306医院为他制定了一个不处理神经的脊柱内固定手术。手术风险很大，在离手术仅两天的时候，他有了捐献器官的想法。刘杨说“在求医的这几年时间里，我得到了太多人的帮助，我曾想等我有能力的时候，一定要报答他们，但是有可能再也没有机会了；这些年，我比谁都能理解那些在绝望中挣扎的患者内心对未来的渴望，我的生命长度是有限的，但希望它的宽度和厚度无限，如果我的身体能够挽救别人，我无怨无悔”。当刘杨把这个想法告诉父亲的时候，这个63岁的老人老泪纵横。刘杨细心地向父亲解释，耐心地跟父亲交流。他告诉父亲，捐献器官不但意味着挽救别人的生命，更意味着自己的生命以另一种独特的方式在这个世界上延续。刘杨的坚持最终还是打动了伤痛的父亲。

二、星星之火可燎原 吾辈上下求索

“我坚信我们今天做的事情可以改变社会观念，可以给每年那150万绝望的患者以希望，以光明！”

——刘杨网络日志

“人的生命是有限的，我们要把有限的生命投入到无限的为人民服务中去”。刘杨的一期手术取得了初步的成功。回到学校后，他如愿做了一名器官捐献志愿者。刘杨查阅了大量的资料，了解到中国有150万个等待器官移植的患者，截至2011年12月底，共实现捐献163例，绝大部分患者都已在等待中死亡或者还在等待死亡。宣传上的空白，教育上的缺失，让很多人没有机会接触“器官捐献”这样一个概念。刘杨决定呼吁和号召更多的人关注器官捐献，加入器官捐献，受益于器官捐献。

没有关于器官移植的教材资料，刘杨就自己制作器官捐献知识课件；没有钱做宣传展板，他就用手写用笔画，拄着双拐走进每一间教室去宣讲。从开始不被人接受，到有人加入团队，几个月的时间他几乎走火入魔。烟台大学、山东工商学院、烟台红十字会、毓璜顶医院……到处都有刘杨宣讲器官捐献的身影。功夫不负有心人，两个月后，驻烟高校首支器官捐献志愿服务队——承光心汇正式成立，队员达600余人。

“我的中国梦就是我的医师梦，我自己的力量很弱小，可这个梦想却很伟大，通过自己的努力，可以使盲的孩子看到光明，使绝症的尿毒症患者获得新生，这是一件多么有意义的事情，我愿为我的中国梦而奋斗终生！”

——刘杨网络日志

在活动过程中，善于分析总结和创新的刘杨，受《论语》“有教无类”的启发，探索出了一套行之有效的活动模式，称之为“滨医模式”。即每个城市由医学院校牵头，联合当地大学，先在大学生中普及器官捐献知识，焕发大家的器官捐献意识，然后借助大学生的热情和专业知识逐步向当地的社区、农村扩展，号召更多的人参与到器官捐献中来。

刘杨团队的活动得到了中国器官捐献管理中心的大力支持。后来刘杨在北京住院期间，管理中心的刘维新主任来看望刘杨，听取他带领承光心汇在烟台地区开展器官捐献活动情况的汇报。刘主任高度赞扬“滨医模式”及刘杨同学勇于担当敢于奉献的精神。他说：“大学生宣传器官捐献体现了强烈的社会责任感，我国每年那么多人在等待器官的过程中死去，非常需要向大学生这样的社会正面能力去加以宣传，让更多民众理解器官捐献的意义，希望你们能继续坚持，探讨出更多有益的方式，让更多的学生加入进来。”

《中国青年》杂志、中国教育报、中国青年网、山东教育电视台、齐鲁网、齐鲁晚报、搜狐网、凤凰网、烟台电视台等20余家媒体对刘杨和他的团队进行了报道。

三、位卑未敢忘忧国 时念匹夫有责

“天行健，君子以自强不息；地势坤，君子以厚德载物。我们这一代朝气蓬勃的青年是祖国的未来，是实现中华民族伟大复兴的重要力量，我们应该增强主人翁意识，发奋学习，努力实践，回馈社会，报效祖国！”

——刘杨网络日志

“年轻人既要脚踏实地，也要仰望星空”。刘杨时刻关注党和国家的大政方针与社会热点问题。党的十八届三中全会召开后，善于总结、爱琢磨的刘杨积极组织同学学习讨论，认真学习习近平同志在全会上的重要讲话。“我的中国梦”“大学生社会实践”“用脚踏实地的态度去工作生活”等成为大家强烈关注的焦点话题。经过讨论，同学们勇于实践、阳光生活、踏实工作的热情一度高涨，并决心做社会主义核心价值观的忠实践行者。

刘杨热衷于志愿服务，虽然他现在的身体情况还很差，可他依然带领他的团队坚持着志愿服务。目前，他们正积极响应习近平同志给“本禹志愿服务队”回信的精神，着手准备暑期到青海玉树藏族自治州的支教支医。刘杨向玉树怀德儿童福利院白日代勒院长了解了当地实际情况，该福利院和当地的三所希望小学的孩子大多是玉树地震的藏族孤儿，刘杨他们决定去给孩子们送温暖、送爱心、送希望。

对于近年来困扰着无数医务工作者的医患矛盾，刘杨认为现在的医患矛盾大多是由于医患彼此之间不理解、不信任造成的，他结合自己丰富的社会实践经历，发起了尊重“大体”老师的活动，让普通民众看到医生对生命的敬畏与关爱，2013 年刘杨撰写的《尊重“大体老师”》被中国医师报全文刊登，引发了社会民众、医疗工作者和广大医学生的强烈反响和高度关注。刘杨强烈的社会责任感、坚强的意志和无私奉献的精神感动了无数人。

青年一代有理想、有担当，国家就有前途，民族就有希望，实现中华民族伟大复兴中国梦就有源源不断的强大力量。我们从刘杨的身上看到了这种担当和力量，当病魔一次又一次袭来，当疼痛一次又一次加重，刘杨，这个在生与死边缘行走过的青年，用实际行动向我们展示了生命的坚强，诠释了爱的真谛。生命之花会在爱的照耀下怒放。

（原载 2014 年 4 月 12 日“人民网 · 教育频道”）

滨医老教师十四年

——用镜头定格拐杖下的青春年华

秦霞　李谦

谢春生，14 年如一日关注残障大学生。他用镜头记录下他们从踏入滨医到毕业参加工作，再到结婚生子等人生重要的生活片段。近千张照片记录了我校残障大学生真实、质朴的瞬间，每一张照片背后都有一段故事。透过照片，今天的我们依然能看到照片背后他们为梦想努力的姿态；透过照片，我们依然能感受到今天他们在工作岗位上兢兢业业打拼的力量；透过照片，我们能体味出已经汇入社会作为中坚力量的他们，反哺家庭，回报社会的火炬在他们手中不间断地传递。而这一切，谢春生老师 14 年如一日，用照片将岁月定格，用照片将感动留存。14 年、上千张照片清晰再现两名普通残障大学生奋斗成长的历程，当我们的目光在一张张用时间串联起的照片上停留时，带给我们的不仅仅是暖暖的感动，更是一种青春力量带来的震撼。

作为摄影爱好者的谢春生老师萌发用照片拍摄记录残障大学生成长成才的想法，源自摄影师焦波拍摄的《俺爹俺娘》作品的影响。焦波从给自己的父母拍摄的万余张照片精选出 120 幅，记录了两个世纪老人 30 年间的生活片段，影展一出，随即"感动京城，轰动全国"。谢春生从《俺爹俺娘》的照片中，受到了心灵的触动。

我们自己的身边有没有感动人的事情？那些感人的事情能不能给社会带来正能量？谢春生陷入思索中。法国著名雕塑家罗达说过："生活中从不缺少美，而是缺少发现美的眼睛。"而谢春生恰恰有一双善于观察生活的眼睛，很快深藏在内心许久的想法一下子明晰地跳了出来——用照片留住残障大学生的奋斗过程。

残障大学生是滨医一个特色群体。从 1985 年学校率先在全国招收残障大学生开始，就注定了学校将迎来一批特殊的人群。他们特殊，是因为他们比健全人承载了更多的人生磨难；他们特殊，是因为他们坚定的步伐踏在一块“倾斜的大地上”；他们特殊，是因为他们用拐杖叩响理想的大门；他们特殊，是因为他们用残疾的身躯和拼搏的姿态向你证明，只要有梦想，我和你没有什么不一样……就是这样一群充满朝气的残障大学生，他们每个人不都是一部书吗？一部向命运挑战的充满正能量的书！

谢春生作为学校的一名普通老师，每天要和这些孩子们打照面，虽然对他们不甚熟悉，但他深为这群孩子们自强不息、不屈不挠、积极向上的精神所感动，也为他们健康快乐的成长而高兴。为了这群折翼却坚强的孩子能做点什么，是埋藏在谢春生心里的一个梦想，但是却总找不到合适的方式和机会，今天，他似乎找到了实现自己心里这个愿望的方式。“感动我们的人物每天都生活在我们身边，为什么不用镜头记录下他们？”对，他要用镜头记录他们在滨医 1 800 个日日夜夜刻苦学习、顽强拼搏的样子，他要用相机记录丑小鸭是怎么变成白天鹅飞向蓝天的，他要用照片把他们破茧成蝶的艰难过程定格串连起来。想到这些，谢春生兴奋地坐不住了，他要全力以赴地投入到这个未知的工作中去！

“把他们的事迹传播出去，去激励更多的年轻人。”这是谢春生找到当时担任教务处处长的张培功老师汇报的第一句话。张培功处长听完他的想法后，感慨道：“咱们二系的学生，是一群身残志坚，自强自立的学生，你拍摄他们，是件非常有意义的事情，你放手去做吧。”

得到领导的支持，谢春生立刻马不停蹄地开始着手准备。2000 年的时候，他刚从学校的教材科调到电教室，电教室的暗房给他提供了洗照片的条件，但是其他设备就得自己掏钱了。于是，他把绘画挣来的钱加上微薄的工资，花了近五千块钱买了一部佳能胶卷相机，又买了胶卷、相纸，一切准备工作就绪，就差物色拍摄对象了。

“拍摄对象最好从残障大学生新生找，但又不能刻意地挑选打造，遇到谁就算和谁有缘分吧。”谢春生对记者说。就这样来自山东省临沂市莒南县涝坡镇前河崖村的王帅才和来自安徽濉溪县张圩村的赵飞两名同学，从踏入滨州医学院大门的那天起，就算和谢春生交上了永隔不断的情谊。

19 岁的王帅才，这个自幼患小儿麻痹后遗症的孩子，右腿失去行走能力，左腿出现萎缩。一米七多的个头，浓眉大眼，即便是拄双拐也让人感觉他是一个非常标致帅气的小伙。他以高考 619 分第一志愿考入滨州医学院。同龄人赵飞，由于小儿麻痹后遗症，两条腿都失去了行走能力，拄着双拐。赵飞的求学之路更坎坷一些，1999 年以 612 分的成绩考入安徽淮南工业大学，就读专科，入学后由于不太适应，上了不到半年就退了学回家复课。2000 年又以 521 分考入学校二系临床专业，至此他才真正走进了大学的象牙塔，开始了他追逐梦想的求学之路。

我们翻看当年拍摄他们面试、入学之初的照片时，依然能从黑白照片上强烈地感觉到 14 年前踌躇满志的他们，眼睛里透露出的激动和欣喜。那张标注着 2000 年 8 月 14日的照片，是王帅才接受面试的日子，照片中父亲拘谨地坐在沙发上听时任教务处处长张培功对帅才面试的评价，穿着白衬衣的帅才像个小学生一样坐在沙发一角，一副双拐夹在父子中间。他们的眼睛里装满了忐忑和期盼。作为小学教师的父亲，比谁都明白知识对孩子的明天意味着什么，在父亲眼里贫困的家庭已经给不了帅才什么了，通过知识改变命运才是帅才最后的稻草。照片传达出的渴求改变命运机会的愿望是那样强烈。谢春生说，和他们打交道时间长了你时时都会被他们身上那股坚韧的生命力所感染，他们身上感人的故事很多很多。

从面试的第一张照片开始，谢春生、王帅才、赵飞三个没有任何生命交织的人，从此真正走到了一块，而且这一走，就是 14 年。

到拍摄的时候，在不影响他们基本的生活起居外，上课、晨读、做实验、参加社团活动等方方面面都要拍摄记录。赵飞和王帅才非常配合谢春生老师的拍摄，每次有活动了，也会积极地提早告知谢老师一声。一幅幅照片记录了他们第一次上文化课，第一次学习解剖，第一次和同学开恳谈会，第一次参加社团活动，第一次活跃在体育场上，第一次在广场做公益活动，第一次登上义务献血车……在诸多的第一次中，谢春生明显感觉到他们的变化，从多年的自我封闭到逐渐敞开了胸怀，从对一切开始的陌生到对一切充满了兴趣，最后爱上自己所做的一切，他们在珍惜，在奋斗，在变化中不断成长。谢春生在感动中记录着，他不断把照片发到《齐鲁晚报》《华夏时报》《山东教育导报》等媒体上发表，残障大学生自强自立成为“坚强”的代名词，在当时产生了强烈的社会反响。

谢春生回忆起那段时光，高兴地说："在拍摄他们的过程中，我不单单是一名单纯的记录者，有时候也会偶尔当当老师。"赵飞和帅才每到礼拜天、节假日经常到盲校看望那里的孩子，一开始去和他们搞联欢，给他们唱歌讲故事拉二胡说快板，时间长了，谢春生建议他们："你们是医学生，为什么不把自己课堂上学到的知识寓教于乐地交给那些孩子们，可能他们很感兴趣呢？"一经点拨，他们俩每次去都会带一些医学知识和生活常识讲给盲童听，这为盲童以后学习中医推拿按摩起到了很好的帮助，那群孩子们亲切地称他们"光明使者"。

为了拍摄他们生活一个完整的过程，谢春生曾经利用寒暑假四次赶到王帅才的家乡，两次赶到赵飞的家乡。每次都要经过十几个小时的车程，赵飞由于在外省，谢春生每次乘坐火车到达县城，再租车，颠簸几个小时凌晨才能到达赵飞的家乡。有几次，因为路途上的疲惫险些让他在瞌睡间丢掉宝贵的相机。冬天去的时候，对谢春生来说每次都是一个考验，山脚下的小山村冬天从不生炉子，干冷的冬夜，电褥子成了谢春生取暖的唯一工具，即便如此，谢春生也经常在半夜被彻头彻尾的寒气逼醒。但与这两个家庭里人们表现出的勤劳、善良、质朴和热情，这些困难就算不了什么了，反而更加激励谢春生更加认真仔细地去记录他们。

尽管拍摄中会遇到这样那样的困难和问题，但是谢春生心里却美美的："看着这俩孩子不断向着更优秀的方向发展，我端着相机心里对自己说，自己受的那点苦都值了。"

谢春生对于做每件事情都有自己的几个标准。第一个标准就是不沾公家的便宜。当初萌发拍这个系列照片的时候，领导鼓励他做，并希望他能做成一个课题，申请一点课题经费，这样多少可以减轻一些他的经济负担。但是，他觉得自己这个课题拉的时间线太长，万一做得不好，浪费了国家钱财怎么办？最后还是自己掏钱。

这么多年来，拍照片、买胶卷、洗照片以及每次去学生家里拍摄，他从来没花过公家的一分钱。从一开始挑选各种片速的黑白胶卷，到挑选相纸型号再到冲洗，全部自己动手。就拿冲洗照片来说，他反反复复不知道重复实验过多少次，从卷片、装罐、显影药液配置、冲片、风干等每一步都是他小心翼翼探索实验出来的。"有时候成宿成宿地在暗房里忙活。周六周日更不在话下。"谢春生回忆那段时光时说道。其实这么多年下来，究竟为这个事情花了多少钱，他自己也记不住了，“反正每个月手底下从来存不下钱。”

他的第二个做事标准就是凡事只要做就要有始有终，不可半途而废。这个标准或许正是他能坚持14年做好一件事的最有力的证明。2010年已经退休的谢春生依然没有忘记自己的记录工作，他说：“我要把他们整个在校生活、毕业、工作、结婚生子这几个人生节点上的大事都记录下来，才算是一个完整的故事。”对，一个人的一生，拼搏的过程固然重要，但是努力过、拼搏过，将来走到社会上能不能为家庭为社会做点力所能及的事情，才是实现人生价值的真正意义所在。所以，退休后，王帅才和赵飞结婚生孩子的几件大事，谢春生从来没有缺席。

认准的事儿，要全力以赴，不可马马虎虎，是他的第三个做事标准。2004年的时候，由于教学需求，学校的暗房撤了，谢春生没有地方洗照片了，为此他花了一万多又买了个数码相机。用电脑对照片进行后期处理成了一种潮流，而对接触电脑很少的他来说，一切都得从头学习，学习如何打字，学习Photoshop软件对图片进行处理。“学习Photoshop软件，我可是铆足了劲，下了苦功夫学来的。”对于学习那段时光，至今让他难忘。夏天，滨州的中午太阳炙烤着大地，谢春生骑着自行车，怀里揣着笔记本，顶着烈日淌着汗，风风火火往开电脑公司的朋友那里赶，就为了Photoshop软件中一个不会操作的步骤。从零开始学，年龄大了怕忘记，就用笨法子，别人操作一步，他用笔记一步，记完了赶紧骑着自行车回家在电脑上实际操作一番。有时候看着挺简单，回家操作又出问题了，他就顶着烈日骑着自行车再往另一个开彩艺制版公司的朋友那里赶，接着学。就是靠着这股认真劲，现在的他，不但学会了熟练掌握Photoshop软件的很多功能，而且他还学会了自己排版。

谢春生说自己一辈子做事很少有遗憾的时候，因为做事有自己的标准，这标准都长在骨子里成习惯了，所以当我们感慨他能14年如一日的坚持做一件事时，他就觉得：“不是多大的事啊。”

现在王帅才和赵飞都已经找到一份不错的工作，各自组建了一个完美的家庭，谢春生由衷地为他们感到高兴。他对他们14年锲而不舍的记录，也总算画上一个完美的句号，为此谢春生还编写了两本图文并茂的书籍。

谢春生老师亲自为这两本书设计了封面，两只拐杖拼出一个大写的人，这层寓意也正是让他能坚持14年的原因，他说："拍摄他们，我不图什么，就是想把在医学院求学的最普通的两名残疾青年的奋斗历程记录下来，虽然他们不能挺起胸脯走路，但他们却能抬起头来做人。他们以不屈的顽强意志改写了自己的人生，身残志坚，他们依然能用拐杖书写一个大写的人，一个对家庭对社会有贡献的人，我希望他们身上这种精神能激励更多的年轻人去努力，去拼搏。"

绘画科班出身的谢春生老师总是说一句话："画家创作一幅美术作品，首先画家本人被这个题材所感动，创作出的美术作品才能感动观众。"是的，镜头里的主人公打动他，也打动了你我。镜头背后14年的坚持，同样感动了我们。

王帅才，2008年考进了山东省莒南县第二人民医院；2013年12月，他和在县水利局上班的刘婷婷喜结良缘；2014年3月，王帅才的女儿诞生，健康美丽。

赵飞，毕业后在安徽省淮北卫校附属医院工作，在医院的院办和内科住院病房两个部门上班；2009年，赵飞和淮北市人民医院肿瘤科大夫刘群喜结良缘；同年，他们有了可爱的宝贝女儿赵海池，一家人幸福美满。

（原载2014年7月8日"齐鲁网"）

残疾人的大学时代

禹玲玲

2015 年 12 月 20 日，山东省滨州医学院特殊教育学院举行了纪念创办 30 周年系列活动。很多校友重回母校，感叹滨医给他们的人生命运带来的变化。

30 年前，滨州医学院敢为人先，创办了我国第一个残疾人本科系，即滨医医学二系，从此我国高等教育为残疾人撕开了一道裂口，开启了残疾人的大学时代。

滨医的 30 年，也是我国残疾人高等教育发展的 30 年。这之前，一批残疾人因为不合理的高等教育政策和不宽容的社会环境被拒之大学门外，这是时代之殇。从 1985 年《关于做好高等学校招收残疾青年和毕业分配工作的通知》开始，残疾人高等教育的春苗不断成长壮大。此后有关残疾人高等教育的法律法规政策不断出台，优秀的残障大学生不断涌现，从肢体残疾人，到盲人，到聋人，再到多重残疾人，他们有机会通过大学提升自己、改变命运，并在各行各业通过自己的才能为国家发展、为社会进步贡献力量。当然在残疾人高等教育发展的过程中，会不断出现问题需要解决，但不可否认的是，高等教育对残疾人敞开大门，是残疾人之幸，也是国家社会之幸。

一、终于可以上大学了

记得有一次，在甘肃银川采访的时候，一位肢体残疾的大姐说起了她以前考大学的事情。她成绩很好，却被一个“干部模样”的人告知，你考了也没用，政策不允许残疾人上大学。后来她历经磨难成为当地小有名气的养殖专业户，还嫁给了一位大学生，但对于考大学这件事依旧心有遗憾。

采访中，时有听到这样的故事。20 世纪 80 年代初，随着恢复高考，很多残疾人反映了一个突出问题，就是残疾考生报考大学被拒收。那时候，不知道有多少残疾人的大学梦想被扼杀在这轻描淡写的“不允许”三个字里。只因为身体的残疾，他们的能力和付出都被当时不合理的高等教育政策和不宽容的社会环境一笔抹杀。那位大姐的经历不是个案，那是一代人之殇。

1984 年，中国残疾人基金会与原国家教委协商，于 1985 年下发《关于做好高等学校招收残疾青年和毕业分配工作的通知》〔（85）教学字 004 号〕文件。文件要求各地教委、高招办在招生工作中对生活能够自理、不影响所报专业的学习及毕业后所从事工作的肢残考生，在德、智条件相同的情况下，不应仅因残疾而不予录取。同年山东省滨州医学院开设医学二系，开始面向全国招收肢体残疾人。从此我国高等教育为残疾人撕开了一道裂缝。

滨医医学二系对于残疾人意味着什么？现任职于山东省德州市武城县人民医院的滨医医学二系 85 级毕业生张九海，在滨医特殊教育 30 周年座谈会上的一段发言最能说明，他说：“三十多年前，和我一样的无数残疾学子还无法接受高等教育。我们很多同学参加过两次、三次，甚至四次高考，高考分数超过录取分数线很多都没有一所大学容纳我们。1985 年，我的母校敢为人先，在全国率先招收残障大学生，从此，我们 57 位同学的命运就此改写。记得开学典礼上，当我们听着海迪大姐的录音讲话时，没有一个不热泪盈眶。现在想想，那喜极而泣的哭声仍然在耳边回响。五年的大学生活，母校不但为我们提供了良好的教育环境，教我们知识，更为我们的康复提供了一系列优越的条件。所以说，母校不但教我们在社会上谋生的本领，更让我们在心理上融入社会，让我们对自己的人生充满了信心。她改变的不但是我们的生理命运，还改变了我们的心理命运！”

滨医医学二系唱响了我国残疾人高等教育的春天之歌。其第一届 57 名肢体残障大学生和滨医一起见证了一个新时代的开始，也证明了一个群体长期以来被压制的才能。从 1985 年开始残疾人接受高等教育有了政策依据，可当时全国只有一所接受残疾人的本科学府，而且还只接受肢体残疾人。华山一条道，竞争激烈程度可想而知，大部分残疾人还是只能望大学而兴叹。

二、滨医不再是唯一选择

滨医之后，残疾人高等教育一路高歌。1987 年长春大学成立了我国第一所高等特殊教育学院。1988 年中国残联成立后，随着中国残疾人事业的发展，残疾人高等教育逐渐步入正轨。此后的几十年，一项项法律、法规和政策的出台，残联系统也出台相关扶持措施，残疾人高等教育发展的轨迹清晰可见。

继长春大学之后，天津理工大学、北京联合大学、中州大学等一批高等学府，相继建立了高等特殊教育学院（系、班）；根据《2014 年中国残疾人事业统计年鉴》，截至 2014 年，我国专门招收残疾人的残疾人高等院校（系、专业、班）有 15 个（几年内这一数据不断发生变化，最高年份达 20 所）。从 1987 年北京大学首次招收肢体残障学生开始，越来越多的普通高校也对残疾人敞开大门。大学校园里残障大学生的数量逐渐增多。根据中国残联《2014 年中国残疾人事业发展统计公报》：2014 年全国共招收残障大学生 9 542 人，其中 7 864 名残障学生被普通高等院校录取，1 678 名残障学生进入特殊教育学院学习。残障大学生的类别也不断增加，不仅能看到肢体残疾人的身影，更能看到盲人、聋人、脑瘫，甚至多重残疾的大学生。他们成了大学校园里一道特别的风景。

残疾人接受高等教育的途径也不断扩展，除了参加普通高考，进入一般高等院校就读，还可以参加专门为残疾人设置的单考单招，进入特殊高等教育学府或普通高等院校的特殊教育学院（系、班）就读。此外还可以通过国家认可的夜大、电大、函授教育、高等教育自学考试等方式学习高等教育课程。

高等教育政策的放开，让很多优秀残疾人得以站在一个相对公平的舞台上，通过自己的努力赢得人生，也通过自己的才能为国家为社会贡献力量。如今考大学对残疾人来说已经不是难事，只要努力，他们都可以走进自己心仪的大学。来自中国残联《2014 年中国残疾人事业发展统计公报》的一组统计数据（前文），可以直观地反映近几年残疾人高等教育的发展状况。

三、上大学已不是问题，问题是大学怎么上

我国残疾人高等教育走过了半个甲子，成绩是不容否定的，高等教育对国家、对社会、对残疾人个人的意义也有目共睹，但其中存在的问题也不容忽视。

天津理工大学聋人工学院党总支副书记李强说："对于残障大学生来说，接受高等教育的重要性在于其与将来就业收入的关联性。"李强认为，目前残疾人高等教育专业设置太过单一是比较突出的问题。我国残疾人高等教育起步比较晚，发展经验不足，有些学校近乎照搬已有院校教学模式，造成很多院校的专业设置雷同。这样的后果，一方面是残疾人的专业选择过于单一集中，另一方面也加剧了各院校之间的恶性竞争。专业人才的饱和是残障大学生就业难的一个障碍。实际上，残疾人的学习范围和可以从事的工作种类很广。以聋生为例，在国内，聋人所选择的系或者专业主要为工科或者美术类等专业；但是，在美国等发达国家，有许多聋人选择学习语言、法律、心理咨询等专业，而这些专业在我们的观念里，是基本不能为聋人所选择的。

孟繁玲认为，美国聋人之所以能够有多种专业选择，在于其支持体系比较完备。美国罗切斯特理工大学有 121 个专业，手语翻译有 122 位，一个专业哪怕只有一名聋人，学校也会配备手语翻译，除此之外，还有多媒体、笔记记录员以及志愿者等帮助聋人顺利完成学业。所以在罗切斯特理工大学，聋人大学生可以选择任何一个专业。在我国高等特殊教育学院，还远远达不到这样的标准，而对在普通大学就读的残障大学生来说支持体系更是缺乏。

支持体系的不足，又反映了我国残疾人高等教育的另外一个问题，就是人才匮乏问题。不仅特殊教育的专业人才缺乏，从事特殊教育的管理人才也很缺乏，孟繁玲认为："人才问题是制约特殊教育发展的关键问题。"对此，天津理工大学聋人工学院院长童欣有自己的看法。她认为，国内残疾人高等教育学校大部分不是独立的学校，而是依附在普通高校下的一个部系，或者仅仅是一个班级，这些学校本身大部分也不是知名的有影响力的高校，很难吸引高水平的师资。"相关部门应该给予更多资金和政策上的支持。"童欣建议。

四、大学对残疾人的意义不容置疑

最近几年，残疾人因为身体原因被大学拒收的新闻逐渐减少，特别是2015年高考开始施行的《残疾人参加普通高等学校招生全国统一考试管理规定（暂行）》，为残疾人参加普通高考提供“合理便利”。这一年根据教育部消息，没有一例考生因身体残疾而被大学拒收。但是有关残障大学生就业难的新闻却逐渐多了起来，这从一个侧面证实了我国残疾人高等教育确实有了很大发展，残障大学生的数量在不断增加。与此同时，面对残障大学生就业难的问题，有一部分人开始怀疑高等教育对残疾人的意义。毕业于上海的盲人大学生沈晨娴对此有切身体会。2006年沈晨娴拿到了心理咨询师资格证，但没有一家心理咨询机构愿意接纳一位盲人。此后，她又尝试了一些其他工作，无一例外，她的专业能力都得到了客户的认可，但是视力问题成为她就业最大的障碍。

高等教育对残疾人到底有没有意义，河南省中州大学特教学院院长孟繁玲认为，“意义是毫无疑问的”。20世纪90年代末，孟繁玲开始筹划为聋人办大学的时候，社会上对聋人认识很不足，包括聋人家长在内都认为，聋人还上什么大学啊。“那时候社会上关于聋人的信息基本上都是类似偷盗等负面消息，而现在聋人大学生正以积极向上的形象为社会传递正能量。”2012年中州大学特殊教育学院的聋人大学生们，在中国梦想秀的舞台上，以一支《手舞四季》，让很多人彻底改变了对聋人的看法。中州大学从2001年开始至今已培养了2 000多名聋人大学生，他们在各行各业做出了自己的成绩，没有一例偷盗行为。“在大学学到的并不仅仅是养家糊口的知识技能，更多的是学习和思辨能力的培养，以及社交能力的锻炼，有了这些，人就可以走得更远。”孟繁玲肯定地说。

从国家投入层面来说，残疾人高等教育也有积极意义。美国人曾经算了一笔账：如果让残疾人从生下来就接受好的教育，可能到20多岁就能成为国家的建设者，达到一定收入水平之后，就成为政府的纳税人。这要比生下来就养着他，一直供给，一直到死，国家要赚很多钱，更划算。2011年孟繁玲在教育部做特殊教育学校建设二期规划的时候跟教育部官员也是这样讲的，得到了大家一致认同。

一项事业的发展从来都不是一帆风顺的，在上大学不是问题之后，怎样上大学，学什么样的专业，大学毕业以后怎么办，又成了问题。30 年前，残疾是残疾人进入大学的障碍，30 年后这个障碍逐渐消除，但残疾依然是他们走出大学之后的障碍。但愿这些问题早日得到解决，让残疾彻底不再是残障大学生的障碍。

（原载 2016 年 2 月 29 日《中国残疾人》）

滨州医学院：中国特色康复教育模式的实践者（之一）

肖明昊

2016年11月，全国康复医学教育领域的超级盛会——第四次全国康复医学教育学术大会在烟台举行。作为大会主办方，滨州医学院康复人才培养和康复学科建设成绩得到了与会专家学者的高度评价。国际著名康复医学专家、世界物理治疗联盟副主席玛格特·斯金纳（Margot Skinner）教授说："滨州医学院在康复医学教育的理论与实践方面做出了开拓性的探索，形成了独具特色的康复医学教育模式。"

一、健康中国

党的十八大以来，党中央高度重视卫生与健康工作，将"健康中国"上升为国家战略，开启了建设"健康中国"，实现"全面小康"的新征程。

"健康中国"也是滨州医学院矢志不移的价值追求，"仁心妙术"的校训就寄托着滨医人深厚的教育情怀和生命关怀。多年来，滨州医学院在康复医学教育领域的探索与实践，既体现了对教育前沿的敏锐把握，又展示了对生命价值的尊重和担当。

二、教育模式的首创者

滨州医学院是中国残疾人高等教育的开拓者，由其开创的"残健融合、教育与康复相结合"的人才培养模式得到了国内外教育界的高度认可，现已成为我国残疾人教育的主流模式。

1985年，滨州医学院创办了我国首个专门招收残疾人的临床医学系（医学二系），这也是滨州医学院乃至国内康复教育实践的起点。同年9月，来自全国十余个省市的57名残障学生迈入高校殿堂，其中五名学员为对越自卫反击战中立功受奖的伤残战士。此举得到了国内外的广泛关注，国内各界和国际社会均给予了高度评价，被誉为“做了天底下功德无量的大好事”。这一创举点燃了一个群体的希望和梦想。

美国国立卫生研究院（NIH）资深科学家席思川教授是在这所大学改变命运的残疾生之一。当年，他三次参加高考均高分过线，却因身体原因被大学拒之门外。濒临绝望的时候，滨州医学院以博大的胸怀接纳了他，成为他新生活的起点。数年后，席思川多次以校友身份回归母校、感恩师长，他深情地说：“滨医是我心中的圣地、永远的丰碑；她打开了一扇大门，让如我般残疾青年有了机会与权利来到梦寐以求的高等学府。滨州医学院给了我们新的生命，其意义更甚于一次新生。”

教育是对人的尊严的唤醒，是对人的社会功能的全面恢复。从这个意义上说，教育既是“大康复”的重要内容，也是全面康复的重要手段。在国内，滨州医学院率先将“教育”和“康复”两种手段相融合，成为“大康复”理念的早期倡导者和践行者。

三十多年来，滨州医学院以促进残疾人康复和发展为目标，积极探索适合残障学生特点的教育模式，形成了“残健融合、教育与康复相结合”的人才培养模式。残健融合，即残障学生在相对集中教育管理的同时，与健全学生共同学习、共同生活，促进学生更广泛的参与、更深入的交流、更充分的融合，有利于残疾人融入社会健康成长。教育与康复相结合，就是把教育过程和残疾人的康复过程结合起来，利用医学、心理学、教育学促进肢体、心理、社会的综合康复，在康复与教育的互动融合中实现和谐发展。这一模式被专家称为“滨州医学院模式”，目前已经成为我国残疾人高等教育领域普遍施行的主流教育模式。

三、康复医学教育事业的推动者

对于医学院校，医教协同培养高素质人才，实现医学教育与医疗实践相互促进、相辅相成，这是医学发展进步的规律，也是医学人才培养的规律。滨州医学院康复医学教育的发展，遵循了这一规律，也印证了这一规律。

康复医学是一门新兴学科，它与预防医学、保健医学、临床医学并称为医学领域的“四驾马车”。我国的康复医学起步较晚，从发达国家传入我国仅 40 余年。

1978 年开始，以全国著名骨科专家毛宾尧教授为代表的滨州医学院团队，积极开展骨髓灰质炎（小儿麻痹症）后遗症矫治的临床研究和实践，采用新技术治疗儿麻后遗症取得显著成效。毛宾尧教授带领团队将这一技术在全省、全国推广应用，并前往全国各地巡回开展儿麻矫形。滨州医学院的康复医学研究和实践又一次走在了全国的前列。

20 世纪 80 年代初，毛宾尧教授研究改进、发明新手术 27 项，对足踝部各种先天及后天畸形的治疗有独到的经验和新的突破，在儿麻矫治康复领域享有盛誉，获“中国矫形外科终身成就奖”，成为国内儿麻康复领域的开拓者。毛宾尧教授还牵头成立了全国儿麻矫正学会，发行了《儿麻专刊》，成为全国较早的康复矫正学术机构和学术刊物之一。

1982 年至 1985 年，在中国残联和邓朴方同志的号召下，毛宾尧教授参加了全国医疗队，到全国各地免费为儿麻后遗症患者进行矫形手术，其中去云南昆明、贵州等地手术一月余，其精湛医术受到了医学界和患者的高度评价，同时也进一步提升了滨州医学院的良好社会形象。

创办残疾人高等教育后，滨州医学院将康复与教育结合起来，为每一个残障学生制定康复方案、实行康复矫治手术、安装辅助器具，同时开展心理教育和辅导，促进学生身心和谐发展。龚涛等三名从小爬着走的同学第一次站了起来，充满自信地走上成长成才的大道。

目前，滨州医学院是山东省仅有的拥有两所直属附属医院的省属高校，康复医学教育体系和服务网络不断健全。康复学科融神经康复、儿童康复、疼痛康复、亚急性康复单元、骨科康复、视功能康复、听力康复、康复工程等亚专科和康复医学研究室为一体，已发展为两所附院的主流学科体系，成为开展康复医学教育的强大学科保障。

四、“大康复”学科专业体系的构建者

国家领导人指出，要“树立大卫生、大健康的观念，把以治病为中心转变为以人民健康为中心，建立健全健康教育体系”，并提出了实现残疾人“人人享有康复服务”的目标。这一战略性定位，为康复教育向更广更深领域发展指明了方向。

“大健康”战略，衍生出“大康复”理念。对此，滨医人有着超前的认识，在实践中也走在了全国同类院校的前列。

学校康复学科带头人、康复医学院副院长王德强教授介绍说，“大康复”是贯穿从出生到死亡全生命周期的健康服务，包括医学康复、教育康复、职业康复、社会康复和器械辅助等一系列手段，这既意味着领域的拓展，也意味着对研究内容的深刻理解。与之不相适应的是，康复医学各层次教育缺乏规范标准，存在“杂”“短”“散”“低”等弊端，培养模式不精不细，学科水平不高不强，与新技术结合不新不快，能够在康复理论与实践上起到带领、推动作用的高端康复人才严重短缺，已经成为制约国民健康水平提高的主要瓶颈之一。

面对这一现状，滨州医学院主动抓住卫生健康事业发展和医学模式转变的契机，以“大健康”“大康复”理念引领学科专业建设，在“大康复”学科专业体系布局上走在了前列。

除特殊教育这一特色外，临床医学进入 ESI 全球排名前 1%，临床医学等四个专业入选艾瑞深中国高水平专业，麻醉学等五个专业入选中国知名、区域一流专业。这些都为康复教育发展奠定了坚实基础。以传统优势专业为支撑，滨州医学院在山东省率先、国内首批成立康复医学院，在全国首家设立老年医学院，引领医学教育从单纯的“临床医学”向“大健康”“大康复”的方向发展。

“立足基础优势、发挥特色专长、打造国内一流”，在这一思路引导下，滨州医学院将临床医学、中医学、老年医学、药学、护理学、心理学、教育学、工程

技术学等学科专业与康复学融会贯通，借鉴国际先进标准，逐步建立起具有中国特色的“大康复”学科专业体系。目前，一个以康复医师、康复治疗师等人才培养为核心，融合中医康复，扩展到康复护理、康复心理、康复药物、教育康复等相关领域，医、理、工、管、教等多学科门类协调发展、结构优化、布局合理的“大康复”学科专业体系已经形成。

目前，滨州医学院设有康复治疗学、听力与言语康复学、特殊教育学、应用心理学、中医学（针灸推拿方向）、护理学（老年医学方向）、护理学（ICU 重症方向）、公共事业管理（老年医养方向）、临床医学（老年医学方向）、健康服务与管理、假肢矫形工程等专业。在专业核心课程设置方面，逐渐对接国际康复教育标准，向物理治疗学、作业治疗学、言语与听力治疗学三大方向推进。同时，在临床医学、护理学、中医学和公共事业管理等专业实施“专业+康复方向”培养模式。其中，康复治疗学是山东省应用型人才培养特色专业。听力与言语康复学获得了国家自然科学基金重点项目立项，学科水平在全国医学院校中处于领先地位。同时，积极推行“医教协同、教研协同”“早期接触社会、早期接触实践、早期接触科研”的培养理念，人才培养质量不断提高。

“滨州医学院的康复学科体系布局较完备且有创新性，思路超前”，今年 3 月，英国皇家医学院院士、悉尼大学爱丽斯·琼斯（Alice Jones）教授到滨州医学院开展学术交流时，这位国际著名康复医学认证专家对滨医康复学科专业体系建设赞不绝口。

（原载 2017 年 9 月 15 日《中国教育报》）

滨州医学院：中国特色康复教育模式的实践者（之二）

王睿

多年来，滨州医学院在“国际标准、中国情怀、滨医特色”的发展思路引领下，全面对接“大健康”理念，积极探索有中国特色的康复教育模式，成为在推进“健康中国”梦的进程中实现社会价值、成就大学梦想“仁爱”文化品牌的打造者。今年6月11日，由滨州医学院发起的“承光心汇”全国大学生器官捐献志愿服务联盟在北京宣布成立。暑假期间，“承光心汇”组织多支实践队在全国巡回开展器官捐献宣传和线上推广，志愿者已突破千人。这一爱心义举，得到了著名医学专家黄洁夫教授等的高度评价。“承光心汇”是滨医的一个学生社团，创始人刘杨是一名重残学生，学校为他实施了多次康复手术，作为对社会的回报和对生命的渴望，他用“以爱之名、反哺社会”的行动诠释了滨医特有的文化传承。无论是特教事业的开拓，还是康复教育的探索，这种“仁爱”文化始终薪火相传、贯穿其中。滨州医学院从中国传统文化中汲取精髓，以“仁心妙术”作为校训，通过开展“精神铸魂”“典型引领”“修身养德”“实践育人”“科研创新”五大育人工程，将“仁爱”精神融入育人各环节，实现了医学教育和生命教育的深度融合，形成了“大医精诚、大爱无疆”的文化特色和“扶残助残、关爱生命”的文化品牌。扶残助残的风尚、人道主义的自觉、对生命健康的敬重，已深深融入滨医人的血脉，成为师生的文化特质和行为自觉。

在滨医主办的全国康复医学教育学术大会上，中国康复医学会康复医学教育专业委员会主任委员敖丽娟教授对滨医人的精神文化风貌印象深刻。“既建设独具特色的康复学科体系，又强化东方气质的康复文化支撑”，滨州医学院的做法得到了业内专家学者的广泛赞誉。中国特色康复教育模式的探索者当前，“健康中国”

已经成为凝聚国民生命热情与家国情怀的宏伟目标。作为承担培养康复人才重要使命的滨州医学院，在这个伟大征程中，必将大有可为。对下一步的战略构想，学校已有明确定位，即以国家“一流大学、一流学科”建设要求为标准，凝练学科方向，突出学科特色，汇聚国内外资源，形成以临床医学、康复医学为基础和依托；以“大康复”学科体系为特色和方向的学科架构，构建人才培养、科学研究、技术创新、智库研究、转化服务为一体的学科专业集群，成为一所服务“健康中国”战略、学科专业特色鲜明的大学，一所肩负特殊使命、面向特殊服务对象、具有强烈文化使命和人道主义情怀的大学，一所展示我国文明进步成就和良好国际形象的窗口大学，努力成为国家康复人才培养、康复科技创新和康复服务创新的引领者，实现从“探索者”向“引领者”的跨越。若要实现这一跨越，首先要与国际标准接轨；为此滨医将参照国际标准设置核心课程体系，聘请国内外康复领域顶尖学者来校任教，积极参与国际康复医学专业认证。据介绍，目前滨医与美国、芬兰、瑞典等国家的著名大学和研究机构开展了深度合作，接受世界物理治疗联盟（WCPT）国际专业认证工作也已经全面启动。

学校还汇聚了美国凯斯西储大学著名教授、“泰山学者”郑庆印博士，美国乔治亚医学院终身讲席教授路新云博士，美国北得克萨斯大学谭曰清教授，悉尼大学物理治疗学院爱丽斯·琼斯（Alice Jones）教授，国际知名专家任晃荪教授等一批国际知名专家学者，建立了一支国际化的高水平师资队伍。要实现这一跨越，还必须做足“特色”。滨州医学院院长王滨对此有深刻的认识和感受。他表示，在“国际标准、中国情怀、滨医特色”的发展思路引领下，康复学科发展要精做“加法”，将中医思想融入康复治疗，使现代康复医学理念技术与中国传统康复疗法相融合，坚持走国际化办学并有中国特色的康复人才培养道路。同时，还将大力推进学科交叉与融合，着力构建“医、理、工、管、教”等多学科门类协调发展的“大康复”学科专业体系，努力建设一批国内领先的品牌学科和专业，在推进“健康中国梦”的进程中实现社会价值、成就大学梦想。

（原载 2017 年 9 月 29 日《中国教育报》）

残疾人高等教育的“滨医模式”

张兴华　张玉龙　吕海波　王忠彦

今年 3 月，在韩国首尔举行的亚洲睡眠学会年会上，一位来自中国的学者当选为学会主席，并成功争取到下届学会年会（2020 年）北京主办权。他就是滨州医学院特殊教育学院校友、中国睡眠研究会理事长、北京大学人民医院呼吸睡眠中心主任韩芳教授。

谁都不会想到，33 年前韩芳还是一位重度小儿麻痹症患者。他回忆说，自己数次参加高考均高分超过录取线，却因身体残疾均被大学拒之门外。在万念俱灰时，滨州医学院开创的残疾人高等教育接纳了他，从此他的人生发生改变。

1985 年，滨州医学院创办了我国第一个专门招收残疾青年的大学本科专业，开创了我国残疾人高等医学教育的先河。30 多年来，先后有 1 200 余名残障大学生在这里得到康复，完成学业，走向社会，开启了崭新的人生征程。

一、勇担责任：一所大学的创新之举

每个人都怀有梦想，梦想着能够到达希望的彼岸。30 多年前，无数残疾青年为了自己的大学梦苦苦追寻，但等待他们的却是无助和苦闷。

很多残疾考生回忆，当时他们的高考成绩都超过了本科录取线，但因为受当时体检标准的限制，最终还是落榜。这是残疾青年之殇，也是时代局限。

然而，这一切因为一所大学的改革而改变。1985 年，滨州医学院在教育部、卫生部、中国残疾人福利基金会的支持下，勇敢地迈出了第一步——创办了专门招收残障学生的临床医学二系。从此，残疾青年这个群体的命运就此改变。

历史将永远记住这一天。1985 年 9 月 12 日，全国首批残障大学生怀着激动的心情，走进梦寐以求的大学殿堂。这是滨州医学院历史性的一天，也是载入中国高等教育史册的一天，57 名残障大学生终于在此圆了大学梦！

他们来自北京、上海、天津、河北等 10 余个省份，其中 5 名学生为中国人民解放军总政治部推荐的在对越自卫反击战中立功受奖的伤残战士。

开学典礼上，同学们聆听着时代楷模张海迪的讲话录音，整个礼堂一片啜泣。现场的媒体记者流着眼泪，在泪眼蒙眬中记录下这令人难忘的镜头。

这一创举赢得了国内外的广泛关注和高度评价，全世界 80 多个国家和地区的媒体争相报道，称赞滨州医学院做了“天底下功德无量的大好事”。

从那时起，全国高考招生录取标准逐渐修改，残疾人高等教育政策法规不断出台，招收残障大学生的高校试点逐渐扩大，从肢体残疾人，到盲人、聋人，再到多重残疾人。

残疾人高等教育由最初的一朵“报春花”，发展为万紫千红的“百花园”。正如滨州医学院医学二系 1985 级毕业生、山东省德州市武城县人民医院主任医师张九海所说，“母校创举一小步，社会文明一大步”。

二、重塑人生：一个群体的再生之地

“滨州医学院成为众多残疾青年化茧成蝶、涅槃重生的摇篮。”30 多年来，来自全国的上千名残障大学生在这里康复身心，成为医疗、科研领域的骨干。据统计，有 350 人考取研究生、70 余人受到省级以上奖励。

学校坚持以促进残障大学生康复和发展为核心，形成了具有滨医特色的“残健融合、教康结合、学用合一”的残疾人人才培养模式，被专家称为“滨州医学院模式”。

从招收残障大学生开始，学校加强了无障碍设施的建设，建设了残障大学生洗衣房、健身房、可以坐着躺着洗澡的浴室等。

记者在滨州医学院看到，残障大学生的生活空间相对独立，但上课以及许多课外活动是与身体健全的学生在一起的。“这样有利于互相帮助，有利于今后适应社会。”该校特殊教育学院院长曹同涛说。

学校成立了残障大学生康复基金，为每名新生制订康复计划，利用附属医院的力量，为残障大学生做康复手术治疗。大部分学生在学校五年，自己的身体状况得到改善康复。有的学生入学时拄着双拐进校，毕业时已能扔掉拐杖独立行走。

2010 级学生龚涛患有小儿麻痹症。来学校之前他一直都是用一种近乎“爬”的方式行走。入校后，学校帮助龚涛进行了一系列康复矫治和手术治疗，最终，他奇迹般地站起来了。回想起操场和楼梯上一次又一次跌倒与滚爬的情景时，他感慨万千：“是母校让我得到新生。”

河北重残学生孙月明，父母及弟弟妹妹都是残疾人。为了让孙月明安心学习，学校为她妹妹安排了餐厅保洁工作，并提供食宿。为帮助孙月明完成学业，学校为她制定了专门的培养方案。孙月明毕业后竞聘到一家国有企业的管理岗位，从此这个家庭有了晴空。

残障学生对来之不易的学习和工作机会格外珍惜，个个表现出非凡的奋斗和感恩精神。医学二系首届学生席思川，经过 5 年的刻苦学习，以优异的成绩考取同济医科大学研究生后，又考取香港大学博士学位，现为美国国立卫生研究院及国家癌症研究所资深科学家。

首届残障大学生曾吾德，在毕业时主动要求到革命老区——江西吉安市医院工作。2003 年春非典疫情进入严峻时期，他主动请缨到一线工作，身先士卒，黑白奋战，挽救了一个又一个患者的生命。

三、传承仁爱：一个社会的文明之光

“招收一个学生，幸福一个家庭，文明一个社会”。2016 年 6 月 11 日，由滨州医学院发起的“承光心汇”全国大学生器官捐献志愿服务联盟在北京成立，并在全国高校开展器官捐献宣传和线上推广。这一爱心义举的创始人刘杨，是滨州医学院的一名重度残障大学生。

刘杨出生两个月时，被医院诊断为脊膜膨出，12 岁出现脊柱畸形，一直饱受病痛的折磨。考入滨州医学院后，由于他的病情特殊，几次险些夺取他的生命。

在生与死的关头，刘杨更加深刻地理解了绝望中挣扎的患者对未来的渴望。他说：“我的生命长度是有限的，但希望它的宽度和厚度无限，如果我的身体能够挽救别人，我无怨无悔。”

在学校领导、校友的帮助下，北京306医院为刘杨量身制定了不处理神经的脊柱内固定手术。作为对社会的回报和对生命的渴望，术前两天，刘杨签订了捐献个人全部器官协议，并发起成立驻烟九所高校爱心社团“承光心汇”，组建了全国第一支高校器官捐献志愿服务队。

刘杨只是滨医残障大学生的一个缩影。滨州医学院潜心营造关心、关爱、关怀的人文环境，使残障大学生在温馨的氛围中幸福生活、健康成长，在平等的环境中提升尊严、和谐发展。

夕阳余晖下的手摇轮椅，图书馆角落里的双拐，墨镜后面那一张张青春朝气的脸庞，都是这所大学最别样的风景、最美好的记忆和最温暖的印记。

（原载2018年6月20日《中国教育报》）

国内首批听障医学生入学

——打破报考专业局限，山东高校尝鲜

李楠楠

与以往不同的是，今年学校在全国医学院校中率先招收了八名听障生，这些听障生将在滨州医学院口腔医学技术专业就读四年。

残疾人考大学体检受限，听障生想读医学类专业省内乃至全国都没有先例。不过，今年滨州医学院在全国率先招收八名听障生，进入医学口腔技术专业，打破了以往听障生主要在艺术、计算机专业学习的局限。

一、打破专业限制　加入口腔医学专业

今年 8 月 30 日，滨州医学院率先迎来新生报到，来自全国各地的 3 860 名新生来到烟台上大学。与以往不同的是，今年学校在全国医学院校中率先招收了八名听障生，这些听障生将在滨州医学院口腔医学技术专业就读四年大学。

“这对听障生来说绝对是天大的好消息。”来自济南的新生家长张晓青告诉记者，她的孩子就是听障生，今年 4 月参加学校单考单招，最终以第四名的成绩被顺利录取，全家人都非常高兴，29 日一家三口就从济南坐动车赶来报到。

张晓青的孩子名叫彭子嫣，先天性失聪。从三四岁开始，父母就带她去北京的康复机构做康复训练，现在虽然戴着助听器，但可以正常交流。彭子嫣说：“来到学校后发现这里环境很好，学习氛围也很好，我希望大学四年积极参加社团活动，好好学习，将来考研继续深造。”

“孩子毕业于山大附中，从小学到高中上的都是普通学校，没有上聋哑学校，就是想让她像正常孩子一样，孩子在学校参加很多社团活动，得到很多锻炼。”张

晓青说，“我是从事医务工作的，希望孩子将来也学医，她也感兴趣，但由于听力原因，高考体检受限。当我们得知滨医今年有这个政策时很高兴，它打破听障生的专业壁垒，我们第一时间就报名参加考试。”

二、建立专门教室　保证听课质量

据介绍，2018 年 3 月，滨州医学院获批教育部听障学生单独招生资质，自 2018 年起，采取单独考试、单独招生办法，面向北京、河北、山西、辽宁、江苏、浙江、安徽、福建、山东、河南、湖北、湖南、四川、陕西、新疆等 15 个省（市、自治区）招收听障残疾考生，招生专业为口腔医学技术、眼视光学、康复治疗学三个本科专业。

“今年首次招口腔医学技术专业。首批招收的八名学生，其中三名是经过康复训练基本可以正常听说，有四名交流靠看嘴型，一名是手语和口语都能交流。”滨州医学院特殊教育学院学习资源中心负责人马慧莹说，学校是我省首家获批招收听障生的本科院校，听障生入校后，实施融合管理，即与普通学生一起在课堂学习，住宿在一起。同时，学校专门实施无障碍环境支持、融合学生支持服务、个别化教育计划以及资源中心支持服务。

“口腔医学技术专业一个班共 38 个人，学校今年投入 30 万元专门建立听障生资源教室，这个专业大部分课程都在这个教室上，保障听障生听课质量。”马慧莹说。

据悉，滨医不光招收听障生，早在 2012 年滨医便开设省内首个盲人本科班，面向全国招生后，今年是第 6 年招生，人数达到 23 人，史上最高。1985 年，滨州医学院创办了我国第一个专门招收残疾青年的大学本科专业，开创了我国残疾人高等医学教育的先河。30 多年来，先后有 1 200 余名残障大学生在这里完成学业，走向社会，开启了崭新的人生征程。

（原载 2018 年 8 月 31 日《齐鲁晚报》）

滨州医学院残疾人与康复教育再造新动能 创新服务模式献礼助残日

邢若青 高森

第二十九次全国助残日前夕，5 月 17 日，烟台市“残疾儿童生活重建”训练营开营暨烟台市首期“康复医学新进展和康复治疗新技术学习班”开班仪式在龙口市残联康宁家园举行。

中国残疾人康复协会常务副理事长兼秘书长许晓鸣、山东省残疾人联合会副理事长冯雷、滨州医学院党委书记车先礼、中共烟台市委统战部副部长胡卫宁、烟台市残疾人联合会副理事长揣文汇、龙口市委书记韩世军、烟台丰金集团董事长李林才以及中国康复研究中心、山东大学齐鲁儿童医院、北京众擎肢体康复服务中心、重庆师范大学、烟台市市直机关医院、德州荣济儿童医院、菏泽东明人民医院等省内外单位的领导、专家和滨州医学院、龙口市相关部门负责人出席开班仪式。

烟台市“残疾儿童生活重建”训练营开营和烟台市首期“康复医学新进展和康复治疗新技术学习班”，是滨州医学院联合龙口市委统战部贯彻落实《山东省残疾人精准康复服务行动实施方案（2016—2020 年）》《山东省人民政府关于建立残疾儿童康复救助制度的通知》精神，进一步改善烟台市残疾儿童生存状况，减轻家庭经济负担，加快小康社会步伐，结合烟台市残疾儿童实际情况而采取的一项扶残助残重要举措，由滨州医学院自强残障大学生、2011 级校友刘杨在龙口市委市政府大力支持下创办的康乐希康复医疗中心具体承办。

该活动的举办以社区残疾人为着力点，让服务更为精准化，同时，创新性探索了“高校+政府+企业”的扶残助残模式，是滨州医学院基于多年来持续探索残疾人与康复教育的基础上的又一创造之举，也是滨医广大师生向第二十九次全国助残日的献礼之作。

据康乐希康复医疗中心负责人刘杨介绍，本次训练营为期 10 天，紧扣全国助残日“自强脱贫、助残共享”的主题，围绕“康养教结合、开发潜能、重建生活、融入社会”的理念，以提升生活自理能力、康养教结合为主的训练模式，通过专家授课、居家康复指导，一对一康复训练、亲子游戏、沙盘团体课等形式，从医疗康复、教育康复、心理康复、工程康复、社会康复等五大全面康复着手，开发残疾儿童重建生活、融入社会的潜力。这也让家长更加了解和学习学龄前期残疾儿童的特点及针对性的康养教方案，以此来提高残疾儿童父母为孩子坚持康复下去的信心，掌握住科学、全面、有效的残疾儿童康复方法，以助力他们平稳顺利地进入学龄期，提高残疾儿童及其家庭的生活质量。

滨州医学院党委书记车先礼介绍，此次活动不仅是发挥滨州医学院残疾人高等教育优势、为残疾人提供精准康复服务的重要举措，也是滨州医学院以实际行动推进全国助残日活动、倡导扶残助残风尚的实际行动。这主要是针对烟台市各级康复医疗机构的人员进行学习培训，目的是让康复工作者了解最近国内外康复医学新进展以及康复治疗新技术，更好地开展康复医疗服务，造福更多的烟台市患者及残疾人。他表示，在决胜全面建成小康社会的新时代，滨州医学院将一如既往，主动担当，全力参与教育精准扶贫的历史进程，全力推动残疾人教育和康复高等教育，继续引领中国残疾人高等教育事业不断走向新的境界，为建设“健康中国”、实现人民对美好生活的向往而努力奋斗。

山东省残联副理事长冯雷表示，开办“残疾儿童生活重建”训练营，从全面康复六大领域着手，为残疾儿童提供全面而精准的大康复服务，滨州医学院在全省范围内走在了前列，为全省残疾儿童的康复救助和生活重建提供了新模式、新途径。

首批招募参加训练营的残疾儿童有 12 名，主要为明确诊断为脑性瘫痪或自闭症、长期居住地为烟台市的年龄为 3~7 岁的学龄前儿童，而且有康复训练适应指征和康复意愿。在这个招募过程中，优先考虑家庭困难的残疾儿童，进行免费训练。

（原载 2019 年 5 月 17 日“大众网 • 海报新闻”）

全省首批！滨州医学院获批山东省国家通用手语和通用盲文推广中心

2020年5月14日，山东省残疾人联合会、山东省教育厅联合印发《关于公布山东省国家通用手语和通用盲文推广中心与推广讲师团名单的通知》（鲁残联函〔2020〕20号），滨州医学院获批山东省国家通用手语和通用盲文推广中心，为山东省首批批准的两所院校之一，马慧莹和张俊芳两位老师分别被推荐为山东省国家通用手语和通用盲文推广讲师团（志愿服务队）成员。

在特殊教育和普通教育相结合的环境中，为落实国家相关文件精神，抓住机遇，2013年学校开办特殊教育专业时，培养方案中加入了手语课、盲文课，学院成立学习资源中心，研究和推广手语、盲文。相继面向全校开设手语、盲文、残疾人文化等相关课程，并扩大手语、盲文协会在地区的影响力，在视障生、听障生和健全学生中推广与普及手语和盲文。

滨州医学院结合医学院校的办学特色，学院教师带领学生组建团队开展志愿服务，研究医疗手语，出版医疗手语教材，带领学生参加各级各类比赛，孵化培育手语和盲文相关的项目。截至目前学生团队已获批大学生创新创业训练计划国家级三项，校级两项，2020年申报的两项已拟推荐为国家级、省级项目，项目正在评审阶段。团队目前正在进行远程医疗手语翻译服务平台研究，平台已经进入测试阶段，将在2021年开放使用，整合全省手语翻译和医疗资源为省内聋人解决就医困难。

基于多年的推广、服务、研究、教学成果，获批成立山东省国家通用手语推广中心。未来将定期开展志愿者培训班、视听障人员普通话考试、特殊教育学校教师手语盲文技能提升等工作。

推广中心将积极响应国家相关政策方针，优化推广服务师资团队，努力打造一支熟练掌握国家通用手语和国家通用盲文的骨干队伍；广泛宣传并开展志愿服务，提高国家通用手语和通用盲文的社会认知度和认可度，促进山东省残疾人文化、教育事业的繁荣与发展，争取在国家通用手语、通用盲文推广中实现突破。

中心将定期组织国家通用手语和通用盲文培训和志愿服务工作以及听障和视障人员普通话水平培训测试工作，并为各级残联系统、教育系统、窗口单位或残疾人培训班等提供服务，未来将争取尽快实现山东省内公共各领域交流无障碍，特殊教育事业迈向新台阶。

“被一个人接纳会知道自己的存在，被一群人接纳才知道生命是可以绽放的。”新时代、新起点，新机遇、新挑战，在推进特殊教育、残疾人平等参与社会方面积极做出努力，我们携手并进，争取来一次实质性的跨越。让更多残疾人的生命在社会参与中得到尽情绽放。

与此同时，山东省手语盲文推广中心“bzmc 微信公众号”也建设成立，对盲文、手语进行宣传，使更多人了解到盲文、手语的发展历程，促使更多人关注这一批特殊群体。

（原载 2020 年 10 月 9 日“山东教育新闻网”）

滨医视障生牛鑫志笔下的“小鼹鼠”获国家级儿童文学大奖

徐峰　孟庆悦　周子怡

1月27日，第七届“大白鲸”原创幻想儿童文学年度盛典落幕。滨州医学院特殊教育学院2018级中医学（针灸推拿方向）学生牛鑫志的中篇童话小说《你好，小鼹鼠》获金鲸作品。荣誉背后的牛鑫志患有先天性眼疾，从小使用盲文书写，这部6万字的小说能从不同国家不同地区的一千多部参赛作品中脱颖而出并非易事。

一、结缘文学，他与世界初相识

1997年，牛鑫志出生在河北省张家口市，因患有先天性视网膜色素变性，从小他只能感受到微弱的光感，对于世界的样子，只能凭借触摸和想象。

2007年，牛鑫志进入特殊教育学校，在班主任权海燕老师的鼓励和要求下，他开始每天写日记。“那也不算是日记吧，就是一段话，可长可短，我就每天写，写完就交给老师看。那时候班上的同学都写，写得好的会得到老师的表扬，我经常被表扬，每次都很高兴，就更努力地去写，这是一种良性循环，后来就越写越好了。我很感谢权老师，没有她一开始对我的引导，我也不会与文学结缘。”牛鑫志回忆道。

也许正是这份鼓励，让牛鑫志的写作路不断延伸。2013年春节前后，正读初中二年级的牛鑫志利用寒假时间，用手机创作完成了一部长达6万字的小说《在海天相接的地方》。“没想到自己可以完成这么多字，脑海中有很多场景和想法，写着写着就收不住了。”牛鑫志说，刚开始自己并不知道该从何下笔，不过是凭借兴趣和想象，不知不觉写出了6万多字。

那时，他用的是老款可发音的手机，每打一个字母都有声音提示，一小时可以写近1 000字。但不可避免的是同音字的拼写错误，比如“发生”写成“发声”，所以他在写作的过程中每敲击一个词语都小心翼翼。他想在开学前把他完成的作品当成“大作文”交给老师看一看，生怕老师在修改的时候理解错误了文章的含义。

“惊讶和感动”，他的班主任老师杨海荣说，一个16岁的盲孩子用手机打字写小说，需要克服太多的困难。首先一个普通人都不一定能写出这么长的小说，况且他什么都看不见，仅用手机打字听字，就把小说完整地写完了。杨海荣在帮助牛鑫志修改整理小说的过程中，发现错别字不是很多。

二、遇见滨医，邂逅“大白鲸”

高中毕业后，通过参加滨州医学院面向全国招生的残疾人单考单招升学考试，牛鑫志以全国第四的优异成绩考入学校针推班。

滨医是个更大的舞台，在这里，牛鑫志的写作特长得以更好地展示。“我很欣赏残健融合的理念，它告诉我们身体残疾很正常，而每个人都会有自己闪闪发光的方面。我喜欢写小说，写多了就想拿给别人看。我们的生活老师吕老师是我的读者之一，她总是很认真地读我发给她的故事，还会给我提意见，帮我校对文稿，吕老师真是个可爱的人，她也鼓励我要多写，多练习，多投稿。后来我看到了大白鲸优秀作品征集活动的相关信息，就决定参加了，我决定参加这次征文活动也是受到了吕老师的鼓励和支持。”牛鑫志说。

“大白鲸”优秀作品征集活动于2013年启动，赢得了中外儿童文学作家、画家的广泛支持和赞誉，先后征集到来自亚洲、美洲、欧洲、大洋洲等四大洲近20个国家的近4 000部中文作品，评选出百余部优秀作品。这些作品出版后都深受读者们的喜爱，也曾多次获得国内外顶级图书大奖。“决定参赛了，我就开始着手写我的参赛作品。先是搜集素材，把脑子里灵光一闪的好主意记下来，然后就是列大纲，参照着网上给出的征文要求谋篇布局，等这些都准备得差不多了我就开始写，2019年年底写了前半段，后来事情很多就放了放，等到2020年的四月份，我又集中用了半个月写完了小说的后半部分。从看到征文公告打算参加到整个小说完成大概过去了半年的时间，集中写作大概不足一个月，剩余的大部分时间都是在准备和构思。”牛鑫志说。

考虑到视障学生的特殊需求，滨医从2012年开设针推专业伊始就为所有视障生专用教室安装了带有屏幕朗读软件的计算机，牛鑫志平日里就是倚靠着一台这样的计算机进行小说创作的。“我平时用电脑打字，以前用过手机，现在用电脑，打字还是电脑方便。当代科技的飞速发展给我们这些有残疾的人带来了很大的便利，我很庆幸我能生活在当今这个时代，很难想象，在一个没有电子设备的年代里，一个视障者该如何进行文学创作。”牛鑫志说。

三、作品来源于生活，更成就了更好的自己

对作品进行多次修改之后，牛鑫志感到比较满意，就在网站上提交了作品。2020年9月29日，第七届“大白鲸”原创优秀作品名单全网公示，牛鑫志的参赛作品《你好，小鼹鼠》名列其中。“说实话，我很想获奖，但从没有想过能获奖，一开始我就是想尝试一下，所以得知获奖的那一刻，我感觉很意外，也很激动，简直不敢相信是真的。”牛鑫志说。

牛鑫志在给大赛组委会提交的一份创作手记中写有这样的一句话：“我要感谢大白鲸，感谢所有给予像我这样的新人新作宝贵机会的、真正爱书、爱孩子的人们。我今年23岁了，写了一本书，写给自己的，却得到了如此重要的一个儿童文学奖项，这令我感动。”

据了解，《你好，小鼹鼠》的内容来源于牛鑫志的生活，文中主人公小鼹鼠正是牛鑫志的真实写照。他在创作整个故事的过程中融入了自己很深的情感，他感谢那些从小到大一路上帮助过自己的人，感谢那些为他指明过方向的人，感谢那些给予他鼓励的人，感谢那些陪伴着他一起成长的人，是他们在黑夜里给了牛鑫志不服输的勇气和高擎着的火炬，从而成为更好的自己。

谈到母校，牛鑫志无限深情：“感恩让我遇见滨医，三年前我走进这里，多

元、包容的校园氛围给予了我最大的自由，学校的老师们总是鼓励我们去做任何事，却又不强迫我们去做任何事，他们始终尊重我们每个人内心深处不同的价值排序，他们不会以同一个标尺去衡量所有人，我喜欢这样的校园文化，我热爱这里的每个人。就拿我自己来说吧，我讨厌无趣，我热衷于有创造性的工作——也就是说我厌恶一天天周而复始重复性的劳动，我偏好天马行空的肆意驰骋。实际上像我这样的人常被认为不切实际。但在滨医，共融的成长舞台，让我们可以健康成长，尽情展示自己。感谢你们，不以成败论英雄的每一个滨医人。”

“我喜欢看书写作，对未来充满期待。”牛鑫志一脸自信与快乐地说，尽管眼睛看不到，但是他内心的阳光总是特别灿烂。正是这份积极与乐观，让他走出黑暗，创造出破晓的光明。

（原载 2021 年 3 月 10 日“大小新闻”）

紧紧拉着残疾人的手共同奔小康

——滨州医学院35年残疾人高等教育的实践与探索

习近平同志指出，残疾人是社会大家庭的平等成员，是人类文明发展的一支重要力量，是坚持和发展中国特色社会主义的一支重要力量。我国有8 500万残疾人，贯彻落实以人民为中心的新发展理念，让这一特殊群体成为经济社会发展的参与者、贡献者和享有者，是全社会义不容辞的责任。

残疾人享有平等受教育权，医学是残疾人生存的基石，教育是残疾人成长的源泉，康复是残疾人发展的追求，公平而有质量的教育是改变残疾人命运、促进身心全面发展的重要途径。努力为残疾人提供高质量教育，是新时代赋予高校的光荣使命。

1985年，滨州医学院以敢为人先的巨大勇气、有教无类的远见卓识和舍我其谁的责任担当，创办了专门招收肢残大学生的临床医学系，开创了中国残疾人高等教育的先河。35年来，学校坚持以人民为中心，推进教育公平；坚持立德树人根本任务，办有中国特色的残疾人高等教育；坚持“医教康结合”，打造中国残疾人高等教育新模式；坚持开放协同，构筑应用研究型人才培养高地；坚持文化传承创新，引领社会风尚推动社会文明；坚持教育优先发展，凝聚残疾人发展合力，成为残疾人高等教育的引领者。

“今年5月16日，是我国脱贫攻坚取得全面胜利之后迎来的第一个全国助残日，主题是巩固残疾人脱贫成果，提高残疾人生活质量。在我看来，教育是残疾人成长的源泉，更是提升生活质量的重要途径。我坚信，当公平而有质量的教育之光普照我们的生活，残障将仅是我们作为人的一个特点，而非缺陷。”说这话的青年名叫刘杨，是滨州医学院一名重度残障大学生。

刘杨出生两个月时，被医院诊断为脊膜膨出，12 岁出现脊柱畸形。考入滨州医学院后，由于他的病情特殊，数次接到病危通知书。

在学校和校友的帮助下，北京 306 医院为刘杨量身制定了极具挑战性的脊柱内固定手术。生死关头，作为对社会的回报和对生命的渴望，刘杨签订了捐献个人全部器官协议。术后返校后，刘杨发起成立驻烟台九所高校爱心社团“承光心汇”，组建了全国第一支高校器官捐献志愿宣传服务队。2018 年，刘杨在龙口市成立了“康乐希”残疾人全面康复团队，先后为 79 名残疾人提供培训就业机会，仅一年时间就为当地 1 500 余名残疾困难群众进行精准康复。2019 年至 2020 年，累计为龙口市 72 059 名青少年进行脊柱侧弯筛查，实现从小学一年级到高中三年级全覆盖。

刘杨只是滨州医学院残障大学生成长成才的一个缩影。1985 年，滨州医学院创办了我国第一个专门招收残疾青年的大学本科专业，开创了我国残疾人高等医学教育的先河。35 年来，先后有 1 200 余名残障大学生完成学业，走向社会，开启了崭新的人生征程。

一、破冰之举：残疾人上大学不再是梦

1985 年 9 月 12 日，一个载入中国高等教育史册的日子。全国首批 57 名残疾青年，进入滨州医学院临床医学专业学习，开启梦寐以求的大学生活。开学典礼上，时代楷模张海迪以录音的方式深情祝福他们，“假如我有一双健康的腿，一定会替你们高兴得跳起来的。亲爱的同学们，我的可爱的弟弟妹妹们，你们能进大学学习，是件多么了不起的事情啊……”现场一片啜泣，媒体记者们在泪眼蒙眬中记录下这令人难忘的镜头。

57 名学生来自北京、上海、天津、河北等 10 余个省份，其中 5 名学生为中国人民解放军总政治部推荐的在对越自卫反击战中立功受奖的伤残战士。他们的高考分数平均高出本科录取分数线 34. 7 分，最高分高出 114 分。他们大多数是几次参加高考均因身体残疾未被录取，有的录取了又被退回。来自山西的一位同学说，他是被全山村的乡亲簇拥着送出大山的。另一位同学不敢相信大学能收留她，来

到学生宿舍仍不肯打开行李卷。

这一创举赢得了国内外的广泛关注和高度评价，全世界 80 多个国家和地区的媒体争相报道，称赞滨州医学院做了“天底下功德无量的大好事”。

多少年来，很多人在思考：“敢为人先”凭的仅仅是一腔孤勇吗？这样的创举为什么会发生在滨州医学院？时任主管教学工作副院长郭玮认为，这是“党办教育的初心”和“滨州医学院人对生命的承诺”做出的必然选择。

1984 年 8 月，学校招生团队发现很多高分学生因为身体残疾被拒之高校之外，痛惜之余，一份创办残疾人临床医学系的议案提交到学校党委会。大家很快形成共识——残疾人也有受教育的权利。挖掘他们的智力资源，将会产生极大的社会效益。发展残疾人高等教育是历史发展的必然趋势。党委研究决定，立即向省教委、省计委写出报告，抓紧派人与刚成立的中国残疾人福利基金会取得联系，寻求支持，争取把这件事情办起来！

在筹备招收残障大学生的一年里，学校遇到了难以想象的困难，也得到了全社会前所未有的关注。院党委专题研究十次之多，院领导赴北京八趟，到省委省政府各部门请示工作十余次。奔走路上，他们自带干粮、住地下室、乘公共车，不达目标不停歇。第一次向时任中国残疾人福利基金会理事长邓朴方专题汇报时，邓朴方紧紧握着他们的手说：“开发残疾人智力资源是一件很有意义的好事，我完全赞同，坚决支持。”时任国家教委党组书记、副主任何东昌批复：国家教委要支持！卫生部、基金会、省委省政府主要领导和各级部门，以超常规的速度和力度，帮助滨州医学院解决了从招生指标批复、基础建设、经费筹集等关键性问题。

在滨州医学院创办残疾人高等教育 30 周年座谈会上，中国残疾人联合会副理事长程凯认为：“这种引领，这个开启，它让残疾人上大学不再是梦。它昭示着社会的文明与包容，公平与共享的残疾人教育的理念和中国特色残疾人教育的努力和发展方向。”

二、再生之地：飞吧鸽子！风雨里永不迷航

邓朴方曾嘱托：“办好这个残疾人本科班，关键是教育质量能否与普通大学的

教育质量相媲美。”从创办伊始，滨州医学院人就坚守着一个信念：要办公平而有质量的残疾人高等教育。

教育和康复是改变残疾人命运、促进残疾人发展的重要途径。在持续的实践探索中，学校坚持以促进残障大学生康复和发展为核心，形成了具有滨州医学院特色的“残健融合、教康结合”的残疾人人才培养模式。残健融合，即残障学生在相对集中教育管理的同时，与健全学生共同学习、共同生活，促进学生更广泛的参与、更深入的交流、更充分的融合，有利于残疾人融入社会健康成长。教育与康复相结合，就是把教育过程和残疾人的康复过程结合起来，利用医学、心理学、教育学促进肢体、心理、社会的综合康复，在康复与教育的互动融合中实现和谐发展。这一模式被专家称为“滨州医学院模式”，目前已经成为我国残疾人高等教育领域普遍施行的主流教育模式。

从招收残障大学生开始，学校多方筹资“化缘”，早在 30 多年前就为他们匹配了无障碍设施，建起了残障大学生洗衣房、健身房、可以坐着躺着洗澡的浴室等。2013 年，学校获国家发改委立项，筹资 6 500 万元兴建国家级特殊教育示范园区。2019 年正式启用，园区内听障和视障生智慧教室、无障碍图书馆、无障碍媒体工作室、专业实习实训基地、残障学生康复训练场地、学习资源中心等现代化软硬件设施一应俱全，特殊教育学院、中西医结合学院、康复医学院三个学院已经入驻。园区完全建成后，将成为集教学、科研、康复服务、生活于一体，国内一流、具有国际先进水平和示范作用的残疾人高等教育和康复高端优质平台。

学校还专设了残障大学生康复基金，为每名新生制定康复计划，利用附属医院的力量，为残障大学生做康复手术治疗，实施全流程心理康复。大部分学生在学校五年，身心状况得到改善康复。有的学生入学时拄着双拐进校，毕业时已能扔掉拐杖独立行走。

2010 级学生龚涛患有小儿麻痹症。20 岁之前他一直都是用一种近乎“爬”的方式行走，连轮椅都无法乘坐，多次求医，被判定“康复的希望几乎为零”。入校后，学校鼓励龚涛树立信心，并联系相关医院和康复中心，为他专门定制了一系列康复矫治和手术治疗，最终，他奇迹般地站起来了。那一刻他热泪盈眶地拥抱着母亲说：“妈妈，我要重新活一次！”

2006级河北重残学生孙月明，父母及弟弟妹妹都有不同程度的残疾。入学时孙月明带着智力障碍的妹妹办手续，为了让孙月明安心学习，学校不仅为她妹妹安排了餐厅保洁工作，还让姐妹俩四年在一起同吃同住。为帮助孙月明完成学业，学校制定了专门培养方案，并与当地残联共同为她落实就业岗位。孙月明毕业后竞聘到一家国有企业的管理岗位，从此这个家庭有了晴空。

“滨州医学院成为众多残疾青年化茧成蝶、涅槃重生的摇篮。”30多年来，来自全国的上千名残障大学生在这里康复身心，成为医疗、科研领域的骨干。据统计，有350人考取研究生、70余人受到省级以上奖励。

世纪之交，当张海迪获悉滨州医学院残障大学生在教育的沃土上坚定方向、健康成长，动情地为他们的作品集题序《飞吧，鸽子》，再次激励他们“在蓝天上翱翔，风雨里永不迷航”。

三、文明之光：“撑起每一个生命的尊严”

去年3月，在韩国首尔举行的亚洲睡眠学会年会上，一位来自中国的学者当选为学会主席，并成功争取到2020学会年会北京主办权。他就是滨州医学院特殊教育学院校友、中国睡眠研究会理事长、北京大学人民医院呼吸睡眠中心主任韩芳教授。这位从滨州医学院走出来的中国第一位睡眠呼吸医学临床方向的博士研究生，曾经说过：“在读书时，我刻苦求学是为自己争气；在工作中，我从事的职业是为患者争“气”；在国际上，我的研究成果是为中国人争气。”他深情地寄语母校，“是您教会我有尊严地活着”。

“撑起每一个生命的尊严”，正是滨州医学院致力残疾人高等教育实践中播撒的文明之光。35年来，学校从中国传统文化中汲取精髓、立德树人，积淀起“仁心·妙术”校训精神，通过开展“精神铸魂”“典型引领”“修身养德”“实践育人”“科研创新”五大育人工程，将平等观念与仁爱文化融入育人各环节，实现了医学教育和生命教育的深度融合，形成了“大医精诚，大爱无疆”的文化特色和“扶残助残，关爱生命”的文化品牌。扶残助残的风尚、人道主义的自觉、对生命健康的敬重，已深深融入滨州医学院人的血脉，成为师生的文化特质和行为自觉。

“滨医妈妈”，是残障大学生身边最深情的存在。她们中，有20年如一日与残障大学生朝夕与共、相亲相爱的“辅导员妈妈”郭秀瑞；有“誓把好事做到老”，为残障大学生洗衣送饭疗伤暖心的“保洁员妈妈”宋海燕；有全天候陪伴帮扶，为残障大学生递上“金盲杖”的“宿管员妈妈”吕静……滨州医学院校园里，无处不在的炽热奉献、无微不至的真情大爱，犹如春风，吹进学生们的心田，哺育他们健康成长、和谐发展。

首届残障大学生席思川，从小常因走路一瘸一拐的姿势受嘲笑，入学后老师们的鼓励关怀让他扬起自信的风帆。经过五年的刻苦学习，以优异的成绩考取同济医科大学研究生后，又考取香港大学博士学位，现为美国国立卫生研究院及国家癌症研究所资深科学家。

双腿残疾的大学生曾吾德，毕业时主动要求到革命老区——江西吉安市医院工作。2003年春非典疫情进入严峻时期，他主动请缨到一线工作，身先士卒，黑白奋战，挽救了一个又一个患者的生命。2006年获得“全国五一劳动奖章”。

刘杨团队的“传递尊严之路”也在不断延展。前不久他们成立烟台市中小学生脊柱健康促进中心，同时，正在孵化一支康复辅具服装研究设计团队，为残疾朋友提供“便捷化、接地气、有尊严”的无障碍服装，并招募残障群体参与到设计、生产和营销销售过程中，根据每一位残疾人士的自身爱好和优势去选择相关的生产环节来实现就业。

四、奋进之路：“紧握你的手共同奔小康”

党的十八大以来，党和国家提出了“全面建成小康社会，残疾人一个也不能少”“发展残疾人事业，加强残疾康复服务”“提高教育质量，积极推进融合教育”等新要求，为新时代残疾人高等教育发展指明了方向，如何回应新期待、写好新答卷，成为滨州医学院必须面对的时代使命。

2018年6月，在“新时代中国残疾人高等教育再出发”高峰研讨会上，由滨州医学院倡议、大会组委会正式发布《为了更加美好的未来——“新时代中国残疾人高等教育再出发”高峰研讨会2018烟台宣言》。其中提到坚持高等教育普遍规律与残疾人教育特殊规律相统一、相融合，构建符合残疾人特点的融合教育教学体系，建设残疾人高等教育一流学科专业、一流师资队伍、一流课堂教学，交给学生打开未来之门的“金钥匙”，让他们能够敏锐地洞悉未来、自信地拥抱并引领未来。这把成长成才的“金钥匙”，正是学校在新时代奋进路上确定的新发展目标。

近年来，滨州医学院紧扣“健康中国”战略和山东发展布局，加快构建与新旧动能转换、精准扶贫要求相适应的学科链、人才链、创新链和服务链，突出“一优（临床医学）两特（残疾人高等教育与康复高等教育），融合发展”的办学格局，创新打造出“以康复医师、康复治疗等人才培养为核心，融合中医康复、护理康复、心理康复等领域，将医、理、工、管、教等多学科门类渗透融合、协调发展”的“大康复”学科专业体系，着力围绕“全生命周期、人群全覆盖、教育大融合”人才培养主线布局谋篇。

五、回眸35年的探索之路，“平等·参与·共享”是不变的主题

从1985年首创残疾人高等教育，滨州医学院带动了全国高考招生录取标准修改、残疾人高等教育政策法规不断出台，到招收残障大学生的高校试点逐渐扩大，公平教育的阳光正一点点“普惠”到肢体残疾人、盲人、聋人和多重残疾人。

从全国第一所开展视障生本科教育的医学院校、全省首家获批招收听障生的本科院校，到全国首批成立康复医学院的院校，滨州医学院面向残疾人事业提供的自由选择机会越来越多。仅2018年，在录取的3 100余名本科新生中，围绕“大康复”学科专业体系布局的康复治疗学、听力与言语康复学、特殊教育学、应用心理学、中医学、护理学、公共事业管理、临床医学、预防医学、假肢矫形工程等专业，共录取新生2 100余名。

从听力与言语康复学专业建设水平达到国内一流，到获批全省唯一康复治疗学硕士学位授权点；从国家级特教康复园区落成，到对接国际标准、全面启动物理治疗学、作业治疗学、假肢矫形工程专业国际认证，滨州医学院将“共享发展”的理念不断落实到质量提升上。

当前，正是我国全面建成小康社会、实现第一个百年奋斗目标之后，乘势而上开启全面建设社会主义现代化国家新征程，向第二个百年奋斗目标进军的新发展阶段。中国8 500万残疾人（其中山东570万）同样是新征程上的生力军和奋斗者。十九届五中全会将残疾人事业发展作为全面建成小康社会的重要目标，将巩固拓展脱贫攻坚成果和残疾人康复、教育、就业、社会福利、服务体系和设施等内容纳入了“十四五”时期国民经济和社会发展大局。对残疾人群体来说，这既是福祉也是动力。而对从事残疾人教育事业的滨州医学院来说，这更是激励和奋斗方向。

我们要充分认识到中国残疾人高等教育事业发展仍然不平衡、不充分，与残疾人对美好生活的期待相比依然存在较大差距。我们要站在尊重和保障残疾人的人权和人格尊严的高度，围绕医学院校的特点，做足教育与康复两大特色，强化特殊教育和融合教育，探索具有“国际标准、中国情怀、滨州医学院特色”的残疾人高等教育新模式，让更多的残疾青年接受平等教育、高质量教育，增强自我发展能力，扎实推进残疾人平等参与发展进程、平等分享发展成果。

省委书记刘家义曾多次提到，要“紧紧拉着残疾人的手共同奔小康，不让一个人掉队”。这份重托，刻在残疾人高等教育的奋进路上，也铭记在滨州医学院人的心里。

（原载2021年5月20日“山东残联”公众号）

滨州医学院“践行与滨医之约”：毕业季轮椅女孩再出发

王朝荣　鞠晶

“祝贺你，长盈！不仅顺利毕业，还继续深造，了不起！咱们约好，你要继续努力，成为一名优秀医者，要有信心把病治好，遇到什么困难一定要告诉母校，滨医永远是你坚强的后盾！”

“老师，我一定会努力，再来母校汇报！”

滨州医学院党委书记车先礼和2021届临床医学专业毕业生李长盈，击掌相庆，就像一对老朋友那样。

正值毕业季，这位身着医学学士服坐在轮椅上的女孩笑意盈盈，在毕业生拨穗礼上不仅赢得了长时间掌声，也收到了来自母校的深情约定。

五年前的报到日，将小小身躯裹在轮椅里的李长盈一脸担忧，被父亲推进了校园。因患肾脏病变导致的罕见病“范可尼综合征”，小长盈从幼时便开始了与骨痛、骨折、骨软化的抗争之路。在家庭和社会的帮助下，她顽强地打破了“很难活到十七八岁”的医院预判，并且顺利考上了大学。填报志愿时，父女俩一致填写了“开创我国残疾人高等教育先河和残健融合人才培养模式”的滨州医学院，确定就读学校的优势学科临床医学专业。

在迈入滨州医学院的第一时间，李长盈的顾虑被打消了。获知她的身体和家庭状况后，学校决定，为父女俩单独安排一间宿舍方便照护，并为她的父亲李士轩在学校食堂安排工作，解决后顾之忧。“父女一起上大学”成为当时的一段佳话。

五年时光，李长盈经历了许多波折。大二时，她病况突然加重，骨密度已经低到测不出，整个身体像被蛀空的房子，随时有垮掉的危险。在学校的支持下，她前往上海交通大学医学院附属瑞金医院，接受国内“肾内大家”陈楠教授团队的悉心救护。几年间，校院两地携手传递着“接力棒”，长盈平均 3 个月左右便打一个来回：在医院检查、评估、调整治疗方案，再回到学校上课、补课、持续跟上学业。到了实习期，学校又在实习所在地滨州附属医院一路给父女俩开“绿灯”、设单间、保证她正常学习和治疗。

令人欣喜的是，今年李长盈迎来了人生的又一个“明媚春天”——她的骨质疏松有了根本性改善，从最初的长期卧床、无法直立行走，逐渐恢复到可坐轮椅、甚至可以短距离行走！今年 3 月，李长盈以专业课第一名的成绩，顺利通过研究生考试，成为青岛大学肾内科的硕士研究生！

采访中，李长盈一次次难掩激动、泪流满面，“我从来到学校那天起，迎来的从来都是鼓励的眼神。”上课时，同学们抢着帮长盈推轮椅，他们总说：“这不是同情，只是单纯想帮你。”病史采集考试时，老师拥抱着她说：“你是我见过的完成得最成功的学生，将来一定会是个好医生！”

在平等和温暖中成长的李长盈一点点变得乐观强大。她选择了肾内科作为自己的未来方向，就是想攻克难关，医治千千万万像自己一样的病患，“不再有第二个李长盈”。

“人生这段旅程，太多的善意包围着我，让我坚定地走下去。我要学着释放自己的善意，好好学习照亮别人，做治病救人的良医，践行和母校的约定！”李长盈眼含热泪。

（原载 2021 年 6 月 30 日《大众日报》）

滨州医学院特教党员师生手绣党旗献党礼

吕佳慧　巩雪梅　吕海波

2021年6月30日，在建党100周年之际，滨州医学院特殊教育学院举办“同心向党　共绣党旗　重温誓词”主题党日活动，师生党员手绣党旗，献礼党的百年华诞。

“线儿长针儿密，含着热泪绣红旗；千分情万分爱，化作金星绣红旗；一针针一线线，绣出一片新天地！”伴随着这首耳熟能详的《绣红旗》，特殊教育学院的师生党员化身“绣娘”，穿针引线，将对党的深厚感情绘制成党的旗帜。从对照色卡买布买线到严格按照尺寸量尺裁剪，从翻折熨烫缝边到精准定位党徽的大小方向角度，学院30余名党员，筹备10天，历时5个多小时，针线起落上万次，绣制完成一面党旗，用最传统、最朴实的方式表达对党的无限敬仰、诚挚热爱和衷心祝福。

视障生党员陈书栋在党总支书记崔保华的帮助下，生平第一次清晰地感受到了党旗上镰刀锤头的模样。用手细细抚摸着党旗，抚摸着自己用崇敬与虔诚缝制的针脚，湿润了眼眶：“这一次我真真切切感受到了党旗的质地，党徽在我的心里有了更真切更生动更闪耀的模样。感谢老师拿着我的手绣下了对党满满的爱！没有共产党，就没有我们能平等上大学的机会，是党给了我们实现自身价值、共享幸福美好生活的机会。”

党旗绣制完成后，全体师生党员重温入党誓词。在宣誓队伍中，有三位党员的入党誓词非常独特，这是第一批听障生党员在手语老师马慧莹的指导下，用手语向党庄严承诺。誓言虽无声，内心亦澎湃，独特的宣誓形式同样有力地表达了对党的热爱与忠诚。

听障生党员贾宾激动地用手语说："国家继《国歌》手语方案出台后，又出台了手语版《入党誓词》，我特别想感谢我们伟大的党，永远都把我们放在心上，时刻关心关爱着我们残疾人群体，让我们可以无差别无障碍地享有平等权利，活出属于我们的精彩人生。"

一个党员就是一面旗帜！一个支部就是一座堡垒！主题党日活动中，广大党员纷纷表示，今天绣的不仅是党旗，也是对党的忠心，对人民的初心。

毕业生党员张晓东说道："这次一边绣党旗一边唱红歌的主题党日活动场景我将终生难忘。一开始我们觉得这件事太难了，根本不可能完成，但事实证明只要意志坚定，方法得当，无论困难多大都可以克服。作为一名即将踏上工作岗位的共产党员，定会肩负起时代的重任，不惧困难，奋勇前行，为实现伟大复兴的中国梦努力奋斗！"

特殊教育专业教师党员牛瑞花动情地说："当凝视着那面我们亲手绣制的党旗，仿佛听到党旗向我们诉说共产党人前赴后继浴血奋战的感人故事。作为一名教师党员，要接过时代的接力棒，将初心融进灵魂，把使命扛在肩上，为特殊教育事业做出更大贡献，用生命去影响更多的生命。"

党史学习教育开展以来，烟台滨州医学院特殊教育学院党总支不断探索基层党建工作新方法，创新党史学习教育新形式，引导全体师生党员用一针一线，将坚定的信念从指尖"绣"入心田，进一步强化党性观念、增强党员身份意识和责任意识，激发"永远跟党走"的信心和决心，向建党100周年献礼。

（原载2021年7月1日"教育文摘周报网"）

首届“扶残筑梦”励志助学金捐赠仪式在滨州医学院举行

衣雨杰

2021 年 7 月 6 日，烟台市慈善总会联合滨州医学院党委统战部、妇委会、山东华彬会计师事务所有限公司，开展了首届“扶残筑梦”励志助学金捐赠活动，为品学兼优的 57 名困难家庭残障大学生发放了 5. 7 万元助学金，帮助他们成长成才，追梦圆梦。

山东华彬会计师事务所有限公司积极响应慈善总会号召，积极投身公益慈善事业，在市慈善总会建立“华彬慈善公益基金”，用于助学、助残等社会公益项目，体现了强烈的社会责任感和时代担当。此次活动助学金全部由该公司捐赠。公司总经理王海平讲话，表达了对滨州医学院残障学生的关切关怀，希望孩子们发扬自强不息、奋斗不止的精神，不负韶华、勇敢前行，实现理想，回报社会。

滨州医学院党委委员、宣传部部长张玉龙讲话，对市慈善总会和山东华彬会计师事务所有限公司表达了诚挚的谢意。他表示社会团体和爱心人士的温暖之举，对残障大学生及其家庭是莫大的鼓励和支持，激励着学生们顽强拼搏、努力奋进。希望青年学子坚定信念、传递关爱，时刻牢记国家、社会的关心和帮助，在奉献中实现自身价值，积极投身医学事业，在接力中回馈国家和社会。

长期以来，烟台市慈善总会大力弘扬乐善好施、守望相助的传统美德，广泛发动社会各界力量，深入实施慈善助学活动，多次联合爱心企业向家庭困难残疾学子发放助学金和羽绒服等爱心物资，让学子们感受到社会的温暖和关爱，为助力中国残疾人高等教育事业发展贡献力量。

（原载 2021 年 7 月 9 日《烟台日报・大小资讯》）